# UNE LUMIÈRE DANS LA NUIT
## LES ENFANTS DU CHAMBON

Traduit de l'anglais (Canada)
par Marie-Pierre Bay
avec la collaboration de Nicolas Bay

L'édition originale de cet ouvrage
a été publiée par Simon and Schuster Books
for young readers, New York, sous le titre :
*GREATER THAN ANGELS*

© Carol Matas, 1998, pour le texte original.
© Hachette Livre, 1999, pour la traduction française.

Pour Hanne Liebmann, Max Liebmann,
Egon Gruenhut, Jack Lewin et Eva Lewin,
avec toute ma gratitude.

# Remerciements

Je veux d'abord chaleureusement remercier ceux et celles qui ont partagé leur histoire avec moi avec tant de générosité : Hanne Liebmann, Max Liebmann, Egon Gruenhut et Jack Lewin. Nelly Trocmé Hewett – la fille d'André Trocmé, le pasteur de Chambon-sur-Lignon pendant la guerre, et de sa femme Magda – a lu mon manuscrit et m'a fait de très utiles corrections et suggestions. Eva Fogelman m'a aidée à retrouver les personnes que je souhaitais interviewer. Pnina Zilberman, directrice du Holocaust Education and Memorial Center à Toronto, a également relu tout mon texte. Je dois aussi beaucoup au personnel de la bibliothèque et des archives de l'U.S. Holocaust Memorial Museum où j'ai lu énormément de documents traitant de cette période.

Perry Nodelman m'a fait d'utiles critiques. Mon éditeur, David Gale, et son assistant, Michael Conathan, de chez Simon and Schuster, ainsi que Diane Kerner, de chez Scholastic, au Canada, m'ont aidée et encouragée sans relâche. Per Brash, mon mari, a lu et commenté chaque chapitre. Il m'a aidée à traduire les textes en allemand et en particulier le journal d'Egon Gruenhut, écrit pendant la guerre.

Le film documentaire de Pierre Sauvage, qui a vécu, enfant, caché au Chambon, *Les Armes de l'esprit*, m'a beaucoup appris. De même que le livre de Philip Hallie, *Lest Innocent Blood be shed*, traduit en France aux Éditions Stock en 1980, sous le titre *Le Sang des innocents*.

Je remercie enfin Janeen Kobninsky, Donna Babcock, Tim Babcock et le Manitoba Arts Council, ainsi que le Canada Council, qui m'ont permis de faire des recherches à New York et à Washington D.C.

CAROL MATAS.

# Note de l'éditeur

*Une lumière dans la nuit* raconte une des pages les plus noires de notre histoire. On peut se demander aujourd'hui comment il est possible que de telles choses se soient produites, que la France, les Français, aient ainsi traité les Juifs français ou ceux venus chercher secours dans notre pays qui se voulait traditionnellement terre d'accueil. Mais c'est ainsi, tout ce qui est décrit ici est vrai, l'horreur des camps de Gurs et de Rivesaltes, les dénonciations, les arrestations, les déportations. Nous ne devons jamais l'oublier.

Quelques lumières brillèrent néanmoins au cours de cette longue nuit qui vit tant d'hommes, de femmes et d'enfants partir vers les camps de la mort, avec bien trop souvent la complicité de Français. Ces lumières, ce sont celles qu'allumèrent discrètement, modestement, anonymement souvent, ceux et celles qui vinrent au secours des persécutés. Fief du protestantisme, Le Chambon-sur-Lignon fut un lieu de refuge et d'espoir pour de très nombreux enfants. En 1990, Le Chambon et les communes du plateau Vivarais-Lignon ont collectivement reçu la médaille des Justes, décernée par l'État d'Israël à ceux qui ont risqué leur vie pour sauver des Juifs pendant l'occupation allemande. C'est le seul endroit en France ainsi distingué.

Marie-Pierre Bay.

Traité Sanhédrin du Talmud.

# 1

*Nous n'enseignons que manœuvres
sanglantes qui, lorsqu'elles sont connues,
reviennent infester leur inventeur.*

Shakespeare, *Macbeth*.

Les chiens se mettent à aboyer et Guy, dix ans, surgit à la porte de la cuisine.

« Les Allemands! Ils arrivent! »

Le visage de Klara devient blême, on dirait que le sang s'en est retiré. Je n'arrive plus à respirer.

Mme Debard n'hésite pas une seconde.

« Par ici », dit-elle.

Elle nous conduit jusqu'au mur de la maison contre lequel est entassé le bois pour l'hiver.

« Aide-moi », ordonne-t-elle à Guy en écartant un tas de bûches d'un seul geste, et je comprends alors qu'elles ont été attachées ensemble avec du fil de fer. Elle nous fait signe de nous glisser derrière et nous obéissons. Aussitôt les bûches sont remises en place et nous nous accroupissons dans le minuscule espace qui nous reste. Il fait noir. Mon cœur bat à grands coups. Je suis en sueur et, pourtant, j'ai froid. J'entends le souffle court de Klara. Nous n'osons pas parler. Les aboiements des chiens deviennent de plus en plus forts. Les Allemands nous cherchent.

S'ils nous trouvent, les fermiers qui nous cachent risquent d'être exécutés sur-le-champ. Et nous avec eux. Cela peut arriver maintenant. Tout de suite. J'essaie de respirer plus calmement. Je ne veux pas mourir aujourd'hui! J'ai promis à maman de ne pas mourir! Elle m'obligeait à lui faire toutes sortes de promesses et je crois que c'est le seul moyen qu'elle avait trouvé pour m'empêcher de faire des bêtises après la mort de papa. Je venais d'avoir huit ans.

« Promets-moi, Anni. »

Je lui répondais que je m'appelais Anna et que je ne voulais pas entendre parler de ce diminutif de bébé. Mais elle le répétait quand même :

« Anni, promets-moi. »

Et cela arrivait toujours à l'instant où je m'apprêtais à me lancer dans quelque chose qui me tenait vraiment à cœur.

Elle l'avait dit au tout début de ce cauchemar, au mois d'octobre 1940. Nous habitions alors à Manheim, en Allemagne. J'étais allée à la boulangerie acheter notre maigre ration de pain et à mon retour, maman m'attendait devant la porte.

« Promets-moi, me chuchota-t-elle, que tu ne leur diras *rien*. Promets-moi. Pas de commentaire insolent. Tu n'as pas besoin de prouver à quiconque que tu es courageuse.

— De qui parles-tu ?

— Des hommes de la Gestapo. Ils sont là. »

D'un seul coup, je n'eus plus de salive dans la bouche et je réussis tout juste à articuler :

« Je promets. »

Maman me prit par la main et nous pénétrâmes ensemble dans l'appartement, qui n'était pas grand, seulement trois pièces. Mais six hommes — six! — fouillaient partout. Quatre appartenaient à la Gestapo, la police politique, et les deux autres à la police locale.

« Il faut que nous fassions nos valises, dit maman. Toi, tu vas aider Oma. »

Oma, la mère de maman, habitait avec nous, ainsi que Mina, la sœur de maman.

« Tante Mina et moi nous occupons des vêtements et des provisions. »

Elle fit une pause, puis reprit :

« Nous partons. »

Elle dut lire la rage dans mes yeux, car elle leva aussitôt le doigt.

« Tu as promis. »

Mais j'avais la tête vide, au point que j'aurais été bien incapable de lâcher le moindre commentaire sarcastique. Je ne pensais plus qu'à une chose : on nous chassait du seul foyer que je connaissais depuis ma naissance.

« Nous sommes les seuls à partir? » chuchotai-je.

Peut-être que la Gestapo avait découvert le secret de tante Mina : bien que les Juifs aient interdiction de travailler, elle faisait des travaux de couture en cachette. Était-ce pour cela qu'on nous arrêtait ?

« Non, répondit maman. *Tous* les Juifs doivent partir.

— Dépêchez-vous ! » ordonna sèchement un des policiers.

« Merci, mon Dieu, me dis-je en moi-même, d'avoir permis qu'Ilse et Max, ma sœur et mon frère aînés, quittent le pays à temps. » Oma avait de toute évidence de l'influence sur Herr Friedler, un des ministres de notre région, le Bade-Wurtemberg, et c'est lui qui s'était arrangé pour qu'ils aient des visas. Il se se trouvait maintenant en Angleterre et Max en Amérique. Moi aussi j'en avais obtenu un, mais à la veille de mon départ, la guerre avait commencé et il n'était plus question de passer la frontière. Personne ne me l'avait jamais dit, mais je savais bien, moi, que Herr Friedler était en réalité le vrai père de maman. C'est pour ça qu'Oma pouvait lui demander de l'aide.

Naturellement, on a toujours essayé de me cacher cette histoire, mais il se trouve que je suis très douée pour écouter aux portes, tard le soir, quand on croit que je dors. D'après ce que j'ai cru comprendre, Oma a épousé Opa *après* la naissance de maman et ils ont eu Mina plus tard. Oma était actrice et elle avait eu pour amant cet homme politique important, Herr Friedler. C'est évidemment pour cette raison que maman ne veut absolument pas que je monte sur les planches à mon tour.

« Je ne permettrai pas qu'il t'arrive ce qui est arrivé à ta grand-mère! aime-t-elle répéter. Ce n'est pas une vie pour une jeune fille comme il faut. »

Et donc j'étais toujours obligée d'aller au théâtre en cachette au lieu de le faire ouvertement et cela m'a condamnée à une vie d'intrigues et de mensonges.

Enfin, disons que se cacher quand on a choisi de le faire est une chose. S'aplatir derrière un tas de bûches parce qu'on a peur pour sa vie en est une autre. Je m'aperçois finalement qu'un tout petit peu de lumière filtre jusqu'à nous. De l'air aussi, parce que j'arrive à respirer à peu près normalement. Je me demande combien de temps nous allons rester là. Les nazis sont capables de nous chercher pendant des heures, peut-être même toute la journée, et d'attendre que nous craquions et décidions de nous rendre. Ou alors que les fermiers craquent et nous livrent. Il faut absolument que je reste calme et Klara aussi. Je la sens trembler, aussi je colle ma bouche contre son oreille et lui chuchote :

« Essaie de penser à quelque chose. N'importe quoi. Du moment que ta tête reste occupée. Tiens, fais comme si tu racontais à tes enfants ce qui t'est arrivé pendant la guerre. Imagine que c'est fini, que tu t'es mariée et que tu parles à tes enfants. »

Je tente de l'aider en lui disant cela. Elle me serre la main, fait oui de la tête et respire un bon coup. Nous ne pouvons pas nous parler normalement, ce serait trop risqué. Moi aussi, d'ailleurs, je dois m'efforcer de penser à autre chose et surtout ne pas commencer à imaginer ce qu'ils nous feront s'ils nous trouvent.

Peut-être même que, une fois la guerre finie, je pourrai écrire une pièce qui racontera tout ça. Évidemment, personne ne croira que de telles choses aient pu se produire. Aussi, à la fin du spectacle, j'apparaîtrai devant le rideau et déclarerai :

« Tout s'est passé exactement comme vous venez de le voir. Exactement ! »

Et le public — composé d'Américains puisque c'est en Amérique que nous irons vivre après la guerre — criera :

« Non! Non, ce n'est pas possible! »

J'insisterai :

« Si, tout ce que vous venez de voir et d'entendre est vrai! »

Il faut que je commence par le commencement.

*
\* \*

Le jour où la Gestapo vint chez nous, j'aidai Oma à faire ses bagages avant de m'occuper des miens. Elle venait d'avoir quatre-vingt-sept ans et devenait de plus en plus fragile. Mais pas au point de ne pas avoir la force de se diriger droit vers un des policiers pour lui demander d'être autorisée à parler à Herr Friedler. Le policier se mit à rire.

« Et vous croyez qu'un ministre allemand va se souiller en s'adressant à une Juive? » dit-il.

Il la regarda d'un air dégoûté, comme si elle était une bête nuisible, un rat, par exemple, et pas un être humain. Là, je sentis que cela devenait très dangereux, parce que si on n'est plus une personne, on peut vous faire n'importe quoi. N'importe quoi. Sans état d'âme. Moi, par exemple, je n'en aurais pas si je tuais un rat, une bête dégoûtante, horrible, pleine de microbes. Au contraire, j'aurais le sentiment d'avoir fait ce qu'il faut.

« Oma, dis-je, viens me montrer ce que tu veux emporter. »

Doucement, je la tirai par la main et la fis asseoir sur son lit. J'essayais de l'occuper en l'obligeant à se concentrer sur ses bagages, mais elle n'y arrivait pas. S'entendre répondre ainsi par un nazi la plongeait dans un état de choc. Un peu comme s'il l'avait écrasée du pied.

Maman vint vers nous.

« Un des policiers a proposé d'aller voir à l'hôpital si on ne peut pas y conduire Oma, plutôt que de l'obliger à prendre le train avec nous, dit-elle. Cela nous donne un peu plus de temps pour emballer nos affaires puisqu'on ne peut pas nous forcer à partir avant son retour. Anni, j'ai sorti les verres en cristal sur la table de la salle à manger. J'avais promis à Mme Koch, qui habite de l'autre côté de la rue, qu'elle pourrait les prendre si on nous obligeait à quitter la ville. Peux-tu les lui apporter, s'il te plaît? »

Je me précipitai dans la pièce voisine, pris le carton rempli de verres et me hâtai de sortir. Les policiers n'essayèrent pas de m'en empêcher. L'idée me traversa l'esprit que j'aurais pu m'enfuir, me cacher quelque part. Mais où? Et puis, de toute façon, maman et Oma avaient besoin de moi.

Je n'eus même pas le temps de frapper à la porte de Mme Koch qu'elle m'ouvrait déjà. Elle devait avoir guetté de sa fenêtre, cachée derrière un rideau, ce qui était en train de se passer chez nous.

« Entre, entre », me dit-elle. Dès qu'elle vit ce que je tenais entre mes bras, des larmes se mirent à couler sur ses joues.

« Remercie ta mère, chuchota-t-elle. Dis-lui… Dis-lui que je suis désolée. »

Je posai le carton par terre.

« Anna, reprit-elle plus posément, j'ai parlé avec mon mari ce matin. Je ne peux pas te dire comment il a fait pour se renseigner, mais nous savons où vous allez être envoyés.

— Où? » demandai-je, craignant d'entendre le nom d'un camp de concentration.

« Dans le Sud de la France.

— Le Sud de la France? Ça doit être une blague!

— Non, absolument pas. Mon mari était sûr de ce qu'il disait. »

D'un seul coup, je me sentis mieux.

« Mais alors, ce n'est pas si terrible que ça, n'est-ce pas?

— Eh bien, non », répondit-elle.

Mais son ton manquait de conviction.

Je lui dis au revoir et retournai en hâte chez nous. Le Sud de la France! Nice! Cannes! Cela paraissait presque agréable! Nous pourrions nous installer confortablement, trouver du travail, le climat serait doux… Ici, à Manheim, nous n'avions plus le droit de faire quoi que ce soit. Aller au cinéma, au théâtre, à la piscine, tout était interdit. Depuis longtemps déjà, on avait confisqué la petite mercerie que possédait maman pour la donner à un Allemand non juif. En France, je pourrais retourner au théâtre, moi qui adorais ça (au point qu'il m'arrivait de m'y faufiler en cachette…) et tante Mina réussirait sûrement à reprendre son métier de costumière. Quant à maman, n'importe quel poste de vendeuse lui conviendrait.

Une fois revenue à la maison, vite, vite, j'emballai mes affaires. J'étais finalement plutôt contente de partir. Il ne me restait plus aucun ami non juif. Ceux que j'avais autrefois s'étaient empressés de me laisser tomber, certains parce que leurs parents trouvaient que fréquenter une Juive risquait d'être dangereux et les autres parce qu'ils commençaient à voir les Juifs comme des animaux répugnants. S'ils me croisaient dans la rue, ils me tournaient le dos. Par contre, tous mes copains juifs seraient sûrement dans le même train que nous.

« N'oublie pas mon suaire. Prends bien mon suaire », se mit à dire Oma d'une voix monocorde en montrant du doigt le placard où elle le rangeait.

Elle avait acheté un suaire, en femme pratique qu'elle était, le jour de ses quatre-vingts ans, sous le prétexte qu'elle tenait absolument à le choisir elle-même. Mais elle n'avait jamais l'air de quelqu'un qui est sur le point de mourir.

Je réfléchis un instant, regardai sa valise, puis secouai la tête.

« Non, Oma, dis-je, on n'a pas la place, c'est plus important d'emporter des vêtements chauds et du linge. »

Elle n'essaya pas de discuter. Elle continuait à répéter la même phrase, comme si elle ne m'avait pas entendue. Elle vieillissait, bien sûr, mais semblait toujours garder l'esprit aussi alerte. Cela ne me plaisait pas du tout de l'entendre marmonner indéfiniment la même chose, comme si elle se parlait à elle-même, mais je n'avais pas le temps de m'en préoccuper à ce moment-là.

Je bouclai sa valise et m'attaquai ensuite à la mienne. Je pris des pull-overs, deux jupes en lainage, des chaussettes, mais aussi deux blouses en soie et des robes plus légères parce qu'il ferait probablement assez doux en France. Je n'oubliai pas la superbe serviette en cuir marron que tante Mina m'avait offerte pour mes quatorze ans, au mois d'août précédent. Elle se fermait par une glissière et, vide, ne prenait pratiquement pas de place. « J'en aurai sûrement besoin quand j'irai travailler », me dis-je.

Le policier revint et annonça qu'Oma ne serait pas autorisée à aller à l'hôpital. « Les porcs, pensai-je, obliger une vieille femme à partir de chez elle et à s'embarquer pour un aussi long voyage ! C'est révoltant ! » Plus tard, maman devait me confier qu'il savait dès le début qu'une pareille requête serait refusée. Il n'était allé à l'hôpital qu'afin de nous donner un peu plus de temps pour rassembler nos affaires. À sa façon, bien modeste, on pouvait donc dire qu'il avait essayé de nous aider.

Après, on ne nous laissa que quelques minutes pour finir. Les policiers nous criaient de nous dépêcher. L'un d'eux étala une série de documents sur la table de la salle à manger et ordonna à maman et à tante Mina de les signer.

« De quoi s'agit-il ? demanda ma tante.

— De la remise en bonne et due forme de votre appartement et de tout ce qu'il contient au gouvernement allemand.

— Je ne signerai jamais ça ! s'exclama-t-elle.

— En ce cas, dit le policier, une fois à la gare, vous irez directement sur le quai 6, direction Munich, puis Dachau. »

Nous savions tous ce qu'était Dachau : un camp de concentration. Tante Mina signa.

Il nous fallut descendre nos bagages nous-mêmes et également soutenir Oma dans l'escalier. Personne ne nous aida. Il y avait pourtant six hommes autour de nous.

Je tenais ma valise d'une main et le bras d'Oma de l'autre. Maman en faisait autant. Tante Mina portait les affaires d'Oma en plus des siennes. Tandis que nous avancions péniblement de marche en marche, je me dis soudain que je n'allais pas permettre à ces sales nazis de me casser le moral. Ça, pas question. Aussi, à très haute voix, je commençai à raconter une histoire drôle que j'avais entendue au théâtre la semaine précédente. Au cabaret, pour dire toute la vérité, où je n'avais pas le droit d'aller, mais où je me faufilais quand même.

« Une femme va chez sa couturière », commençai-je.

Maman me jeta un regard furibond pour me faire taire, mais je choisis de l'ignorer et poursuivis :

« Elle a apporté une ravissante pièce de tissu et demande qu'on lui fasse une robe. La couturière accepte. Mais quand la cliente revient au bout d'une semaine, rien n'est prêt. Au bout de deux non plus. Ni de trois. Finalement, il faut six semaines pour que la robe soit terminée. La femme l'essaie, c'est parfait, dedans, elle a l'air d'une reine. Mais au moment de payer, elle ne peut s'empêcher de dire : "Voyons, Dieu a fait le monde en six jours. Et il a fallu six semaines pour qu'on me fasse cette robe. — C'est vrai, répond la couturière. Mais regardez l'état du monde!" »

Tante Mina laissa échapper un petit gloussement nerveux. Le policier qui était allé se renseigner à l'hôpital éclata carrément de rire.

Puis, tout de suite, il regarda autour de lui comme si cela devait lui attirer des ennuis. Les autres firent comme s'ils ne m'avaient pas entendue. Moi, je savais que c'était faux. Si on croyait que c'était facile de me faire taire !

Une fois dans la rue, je vis partout des familles entières, qui marchaient en direction de la gare. Chacun portait sa valise. Je repérai dans la foule mon amie Esther et ses petits frères et sœurs dont elle devait constamment s'occuper. Leurs parents se hâtaient devant eux et ils étaient presque obligés de courir, en pleurant, pour les suivre. Personne n'avait le temps de se parler. Les gardes nous hurlaient :

« *Schnell ! Schnell !* Vite ! Vite ! »

Devant notre immeuble, un camion était arrêté avec déjà plusieurs personnes installées à l'arrière. Un type de la Gestapo nous fit signe d'y monter aussi. Mais c'était trop haut pour qu'Oma puisse grimper et nous n'étions pas assez fortes pour la soulever. Personne n'offrit de nous aider.

Des voisins étaient sortis sur le pas de leur porte pour nous regarder partir. Ils riaient. Ils semblaient trouver très drôle que nous n'arrivions pas à nous hisser dans le camion avec une vieille femme. Oui, très drôle… Finalement, le policier qui s'était esclaffé quand j'avais raconté ma blague, poussa Oma et elle parvint à rejoindre les autres.

Le camion démarra. Le soleil brillait, il illuminait les feuilles dorées des arbres, en cette belle journée d'automne, et tout semblait aller pour le mieux dans le monde, comme si absolument rien de spécial n'était en train de se passer. Je souris à ma mère, à ma tante et à ma grand-mère et leur dis que les choses s'arrangeraient dès que nous serions dans le Sud de la France. Pourtant, au fond de moi, je n'arrivais pas encore à réaliser qu'on venait de nous chasser de chez nous et que partout, on harcelait les Juifs.

« Prenez mon suaire, continuait à répéter Oma, prenez mon suaire. »

# 2

*Je pourrais te faire un récit
dont le moindre mot labourerait ton âme,
glacerait ton jeune sang, ferait sortir
de leurs orbites tes yeux comme deux étoiles.*

Shakespeare, *Hamlet*.

Une fois assise dans le train, je me creusai la tête pour trouver une histoire drôle à raconter. N'importe laquelle, du moment qu'elle fasse au moins sourire les autres voyageurs, serrés autour de moi sur les banquettes en bois dur, dans ce compartiment aux vitres sales.

Karl, une des vedettes du cabaret où, comme je l'ai déjà dit, je me glissais en douce certains soirs, en avait tout un stock et je les savais par cœur, surtout celles où il était question d'un docteur. Je commençai :

« Docteur, se plaint Heinrich, je crois que je suis en train de perdre la tête ! »

Maman eut l'air agacée, mais tante Mina me fit un signe d'encouragement.

« Continue, Anni », dit-elle.

Je repris :

« Voyons, prends les choses du bon côté, répond le docteur, au moins tu n'auras plus à te la creuser. »

Quelqu'un près de moi sourit. Je continuai :

« Qui connaît la blague sur Gertrude qui louchait et qui est allée chez l'ophtalmo ? Eh bien, il paraît qu'elle avait essayé de tuer son mari d'un regard méchant et que, à la place, elle a tué quelqu'un d'autre. »

Tante Mina étouffa un petit gloussement. Maman sourit. Bon, peut-être que ça allait marcher.

« Quelle est la meilleure façon d'éviter les complications dues aux morsures de chien ? demande Fagey à son docteur. "N'en mordez jamais un seul", répond le docteur. »

Cette fois, tante Mina éclata de rire. Maman protesta :

« Anni, vraiment! Ces blagues sont vieilles comme le monde! »

Mais ça m'était bien égal, au moins j'avais réussi à la faire parler et cela seul comptait. Par contre, Oma n'avait toujours pas l'air d'entendre un mot de ce qu'on lui disait.

Elle continuait à marmonner comme pour elle seule. Je ne comprenais pas de quoi il pouvait bien s'agir. D'un seul coup, elle semblait être devenue vieille, très vieille. Elle ne se rendait pas compte de ce qui se passait, de ce qui était en train de nous arriver. J'aurais probablement dû rester près d'elle et essayer de la calmer, mais la voir dans cet état me bouleversait tellement que je me levai brusquement et décidai d'explorer le reste du wagon pour vérifier s'il n'y avait pas dans les autres compartiments des gens que je connaissais. Dans le couloir, un membre de la Gestapo bloquait le passage. Je fis demi-tour et tombai vite sur des familles amies à qui je dis bonjour. À l'extrémité du wagon, je vis ma copine Klara, Rudi, son frère aîné, et leurs parents. Klara et moi avions été les meilleures amies du monde jusqu'au moment où j'avais commencé à aller de plus en plus souvent au cabaret, ce qu'elle n'approuvait pas du tout. Ayant eu une enfance très protégée et une éducation très traditionnelle, dans un foyer aisé, elle n'aurait jamais osé désobéir à ses parents et refusait de m'accompagner. Moi, je racontais à maman que j'étais chez elle et elle me servait d'alibi chaque fois que je filais dans la Holzwegstrasse. Là-bas, il y avait tout ce que j'aimais : des chanteurs, des danseurs, des comiques qui racontaient des blagues. Ce n'était pas un théâtre sérieux, on n'y jouait ni du Shakespeare, ni du Bertolt Brecht, mes deux auteurs préférés. Non, on y récitait des sketches politiques ou autres, toujours dans le genre comique. Je suis grande pour mon âge — je mesure près d'un mètre soixante et mes jambes ne sont pas mal du tout. Ce qui fait que, de temps à autre, quand une des choristes tombait malade, je pouvais lui servir de doublure. Et j'adorais ça! Je chante aussi très bien. J'ai commencé très tôt et nous avons une excellente chorale à l'école, ce qui fait que j'ai déjà beaucoup travaillé ma voix. Comme danseuse, je ne suis pas aussi bonne, parce que maman n'a jamais voulu que je prenne des leçons.

Je fus toute contente de retrouver Klara parce que, d'un seul coup, je me sentais moins seule. Je pouvais voir qu'elle venait de pleurer. Sa mère sanglotait encore doucement.

« Comment ça va? demandai-je.

— Comment veux-tu que nous allions? me dit Mme Engel.

— Et ta famille, Anna, l'interrompit son mari, comment va-t-elle? »

M. Engel possédait autrefois un des plus importants magasins de la ville, mais les Allemands le lui avaient confisqué. Il était depuis des années le président de la communauté juive de Manheim.

« Bien, merci, répondis-je.

— Salut, Jolies Jambes », murmura Rudi.

Il avait deux ans de plus que moi et je le trouvais insupportable. Contrairement à sa sœur, il se fourrait tout le temps dans des histoires impossibles. Très grand — plus d'un mètre quatre-vingts — et très maigre, il avait une tignasse rousse et des taches de rousseur.

« Salut, espèce de clown, chuchotai-je. Qu'as-tu fait de ton nez rouge?

— Qu'est-ce que tu racontes? demanda Mme Engel.

— Oh rien, répondis-je, je demandais

seulement à Rudi si par mégarde je ne lui avais pas marché sur les pieds. »

Et en même temps, je fis délibérément un pas en avant pour écraser une de ses chaussures sous la mienne.

« Aïe ! s'exclama-t-il.

— Oh, pardon ! Je suis si maladroite ! m'excusai-je avec un charmant sourire.

— Arrêtez, vous deux ! cria Klara. Comment pouvez-vous… »

Et elle se remit à pleurer.

« Écoute, me hâtai-je de lui dire, j'en connais une bien bonne. »

Qu'est-ce qu'on peut bien inventer pour arrêter les larmes de quelqu'un ? Le faire rire. Aussi je poursuivis :

« Une jeune fille se rend au zoo pour la première fois de sa vie. Elle voit un spectacle tout droit sorti d'un passage de la Bible, où il est dit : "L'agneau et le lion se coucheront l'un près de l'autre." Dans une cage, il y a un agneau et un lion. Elle n'en croit pas ses yeux et demande au gardien si cela fait longtemps qu'ils sont là ensemble. "Oui, lui répond-il, un an. — Mais c'est stupéfiant ! — Bien sûr, nous mettons un nouvel agneau tous les matins." »

Je m'attendais à ce que tout le monde éclate de rire, mais pas du tout. M. Engel soupira.

« Ton agneau, on dirait un peu que c'est nous, face aux nazis. »

Quant à Klara, elle pleura de plus belle.

« Bravo! me dit Rudi. Tu lui as bien remonté le moral! »

Je lui flanquai un discret coup de pied dans les tibias avant de m'en aller.

« Klara, si ça te dit, viens nous faire une petite visite. Au revoir, madame Engel, au revoir monsieur Engel. »

Et je repartis en direction de notre compartiment. En approchant, j'entendis la voix d'Oma :

« Mettez-moi au lit! Déshabillez-moi! Enlevez-moi mes chaussures! Je veux qu'on me mette au lit! »

Maman essayait de la calmer :

« Écoute, nous sommes dans un train. Nous allons faire un très long voyage. Mais, dès que nous serons arrivés, tu pourras te coucher. »

Oma ne semblait pas entendre. Elle continuait à crier.

L'homme de la Gestapo se mit à hurler :

« Faites-la taire! Elle me tape sur les nerfs!

— Mais qu'y puis-je ? dit maman. Elle a perdu la tête à cause de tout ce qui nous est arrivé.

— Je m'en fiche ! Qu'elle se taise, sinon je la jette hors du train ! Je ne veux plus l'entendre ! »

Maman m'attrapa le bras.

« Il serait capable de le faire, Anni. J'en suis sûre. Vite, va voir s'il n'y a pas un docteur quelque part. Oma a besoin d'un calmant. Vite ! »

Je repartis aussitôt dans le couloir et demandai à l'entrée de chaque compartiment s'il n'y avait pas un médecin. Quand je me retrouvai devant la famille Engel, c'est Rudi qui sut se rendre utile.

« Il y en a un deux wagons plus loin », me dit-il.

Et comme je m'enquis de savoir d'où il tenait cette information, il me répondit simplement :

« Étant donné ce qui se passe, j'avais peur que mes parents ne se sentent pas bien, donc je me suis renseigné. Tu vois, je ne suis pas aussi nul que tu sembles le croire.

— Touchée », chuchotai-je, avant de me précipiter à travers les deux wagons jusqu'à ce que je trouve le docteur.

Il semblait assez jeune et avait de petites lunettes rondes perchées sur son long nez. Il avait l'air épuisé et s'affairait autour d'un enfant qui pleurait.

« Excusez-moi, dis-je, mais je…

— Non, pas maintenant, me coupa-t-il. Je suis occupé, vous le voyez bien. »

Je le voyais parfaitement, mais Oma avait besoin d'aide et je n'allais pas me laisser renvoyer ainsi. J'attendis.

« C'est un gros rhume, disait-il à la mère du petit. Tenez-le bien au chaud et donnez-lui beaucoup à boire.

— Mais nous n'avons en tout et pour tout qu'un Thermos de thé, gémit celle-ci. Comment ferons-nous après? »

Il secoua la tête.

« Je n'en sais rien. Vous êtes encore là? me dit-il en se redressant.

— C'est ma grand-mère, expliquai-je. Elle… Enfin… On dirait qu'elle a perdu la tête d'un seul coup. Est-ce que c'est possible?

— Quel âge a-t-elle?

— Quatre-vingt-sept ans.

— C'est possible à n'importe quel âge, mais accepter une réalité pareille est pire pour les vieux. Cela ressemble tellement à un cauchemar que, pour leur cerveau, ça en devient un. Bon, allons la voir. Conduisez-moi. »

Quand nous arrivâmes, le type de la Gestapo s'énervait de plus en plus :

« Qu'elle la boucle une bonne fois ! » hurlait-il.

Oma criait et gémissait en même temps :

« Je veux me coucher ! répétait-elle, déshabillez-moi ! Maintenant ! »

Et voilà qu'elle commença à déboutonner son corsage. Maman et tante Mina lui prirent les deux mains pour l'en empêcher. Le docteur se pencha, lui tâta le front, lui examina les yeux. Puis il s'accroupit près de ma mère et lui parla tout bas. Je m'approchai pour essayer d'entendre ce qu'il disait :

« ... et ils sont capables de l'abattre d'une balle dans la tête si nous n'arrivons pas à la calmer. Ou pire, de la jeter par la portière. Tenez, prenez ces comprimés. Si vous lui en donnez deux, elle se tiendra tranquille pendant quelques heures. Si vous lui donnez toute la boîte, elle ne bougera plus pendant beaucoup plus longtemps. C'est un somnifère puissant. »

Maman blêmit et attrapa tante Mina par le bras. « Non, ce n'est pas possible, pensai-je, il n'est pas en train d'essayer de lui dire qu'il y en a assez pour la tuer ! » Mais à voir l'expression de terreur dans les yeux de maman, je compris que c'était pourtant bien ça. J'aurais voulu me jeter sur ce sale nazi et l'étrangler de mes propres mains. Pourquoi ne nous précipitions-nous pas tous sur lui, d'ailleurs ? Il était seul. Puis je me rappelai le fusil-mitrailleur qu'il tenait à la main. Il nous tuerait tous avant même que nous ayons eu le temps de nous approcher.

« Merci, docteur, chuchota maman.

— Je suis désolé », dit-il.

Nous n'avions en tout et pour tout que deux bouteilles d'eau. Maman en prit une, puis regarda tante Mina, qui lui fit oui de la tête.

« Non ! m'écriai-je.

— Nous n'avons pas le choix, dit maman à voix basse. Si je ne lui donne que deux comprimés, elle va se réveiller bientôt et tout recommencera. Tu préfères qu'on la jette hors du train ? Qu'elle aille agoniser toute seule dans un fossé ? Tu te rappelles comment ils ont roué de coups le professeur Cohen la semaine dernière, comment il est mort dans la rue devant tout le monde ? Tu crois que ce nazi hésiterait à la tuer ? »

Je sentis mes yeux se remplir de larmes. Comment avait-on pu en arriver là? Et avant d'avoir eu le temps de changer d'avis, maman fit avaler tous les comprimés à Oma. En quelques minutes à peine, celle-ci s'endormit. Je m'assis tout contre elle et lui pris la main, surveillant étroitement sa respiration. D'aussi loin que je me souvienne, elle avait toujours été ma meilleure amie, celle qui m'encourageait dans ma passion pour le théâtre et le chant. Elle savait très bien où j'allais le soir, je ne lui cachais jamais rien. Et nous parlions ensemble de Shakespeare, de Molière, de Tchekhov, d'Ibsen, nous analysions leurs pièces. Quand on m'avait donné mon premier grand rôle dans un spectacle qui se montait à l'école, c'est elle qui m'avait fait répéter. Après, j'avais été mise à la porte parce que j'étais juive. Et on riait tellement, toutes les deux! Je lui répétais les histoires drôles que j'avais entendues au cabaret. Rien ne la choquait jamais. Elle était montée sur scène jusqu'à soixante-quinze ans et avait très bien gagné sa vie comme actrice.

Je contemplai cette frêle silhouette tassée sur la banquette puis levai les yeux vers le visage de ma mère, crispé de douleur, et celui de ma tante, ruisselant de larmes. Je me tournai ensuite pour voir si le nazi était toujours là.

« D'où vient donc le mal ? » me demandai-je. Comment cet homme peut-il arriver au point de vouloir jeter Oma par la portière ? Le monde entier était-il maintenant prisonnier du mal ? On aurait bien dit que oui. Et comment tuer une vieille femme pouvait-il devenir un geste de miséricorde ? Enfin, si tant est que cela l'était…

Je dus m'assoupir. La nuit était tombée. Soudain je m'éveillai en sursaut et crus d'abord que je rêvais. J'entendais une voix. Puis je compris que c'était Oma.

« Déshabillez-moi, disait-elle, je veux me coucher ! »

Elle n'était pas morte ! Le somnifère n'avait pas agi ! Je la serrai dans mes bras et l'embrassai frénétiquement. Affolée, maman se pencha pour voir si le nazi était toujours là. Mais miraculeusement, il était parti à l'autre bout du couloir.

« Tu vas bientôt pouvoir aller te coucher, Oma, dis-je, bientôt ! »

Je savais que des centaines de milliers de Juifs avaient fui en France pour échapper aux nazis. Et quand aucun autre pays n'acceptait de les accueillir, la France l'avait fait. Même les États-Unis ne laissaient plus entrer beaucoup de Juifs. La France était généreuse. Je l'imaginais baignée de soleil, peuplée de Français qui nous sauveraient. Mais les choses ne sont jamais aussi simples.

# 3

*L'homme est, je vous l'avoue,
un méchant animal.*

Molière, *Tartuffe*.

Pendant deux jours, nous n'eûmes à manger que ce que nous avions réussi à emporter et, bientôt, il ne resta plus rien. À boire, nous disposions en tout et pour tout de deux bouteilles d'eau qui furent rapidement vides. Quand le train s'arrêta dans une gare, quelqu'un alla supplier notre garde de nous laisser nous ravitailler au moins en eau. Il refusa. Pendant la nuit, une vieille femme avait perdu la tête à son tour, exactement comme Oma, à côté de qui je restais assise pour tenter de la calmer. Heureusement, le policier ne revint pas nous harceler. Je me demandai s'il n'avait pas autant crié contre ma grand-mère au début parce qu'il avait en réalité honte de voir dans quel état ce voyage la mettait. Mais comment savoir? Peut-être que certains soldats allemands n'aimaient pas ce qu'on les obligeait à faire. Enfin, certains parce que, dans l'ensemble, cela semblait leur plaire. On voyait bien que ces hommes n'avaient pas de cœur.

À la fin de l'après-midi du deuxième jour, le convoi s'immobilisa dans une petite gare, quelque part dans la campagne française. Oma allait de plus en plus mal. Elle pleurait, disait n'importe quoi, et je commençais à m'affoler parce qu'elle faisait du bruit. Je redoutais de voir surgir notre garde en faction à l'autre bout du couloir. Je le surveillais du coin de l'œil. Soudain il se retourna et fonça droit vers nous. Je me redressai. S'il voulait toucher à ma grand-mère, il devrait d'abord s'en prendre à moi! Maman essaya de m'écarter, mais je refusai de bouger d'un pouce.

Il était maintenant tout près… Mais il passa devant notre compartiment sans nous regarder, alla ouvrir la portière et descendit sur le quai. Je jetai un coup d'œil dehors et vis que tous les autres soldats allemands se rassemblaient au même endroit. Un train surgit entre eux et nous, s'arrêta, puis repartit au bout d'environ un quart d'heure. Le quai était vide!

Je me mis à crier :

« Ils sont partis! Ils sont partis! »

Je serrai Oma dans mes bras.

« Ils sont partis! » lui dis-je.

Mais elle ne comprenait pas.

« Je veux me coucher! gémit-elle.

— Bientôt, oui, bientôt, je te le promets », répondis-je.

En quelques instants, notre wagon fut sens dessus dessous. Tout le monde se demandait ce qu'il fallait faire. Étions-nous désormais libres? Et en ce cas, où devions-nous aller? Nous n'avions pas d'argent. La Gestapo avait confisqué tous nos marks, nous laissant en échange l'équivalent d'à peu près vingt francs chacun, en nous prévenant que quiconque possédant plus serait fusillé. Nous ne connaissions personne en France. Nous ne savions même pas où nous nous trouvions. Devions-nous nous enfuir? Mais pour aller où?

Finalement, c'est M. Engel qui prit les choses en main. Tout le monde le connaissait et le respectait. Quand il fit quelques pas dans le couloir, en levant la main pour demander le silence, chacun se tut.

« Je vais descendre du train, dit-il, et essayer de trouver un responsable à qui parler. »

Et c'est exactement ce qu'il fit. Je le vis sur le quai qui s'adressait à un employé en uniforme, puis à un autre. Tous trois agitaient les bras. Au bout d'un petit moment, un gendarme apparut. Plusieurs passagers allèrent les rejoindre, pour essayer de comprendre ce qui se passait. Finalement, M. Engel revint dans notre wagon.

« Voilà, nous expliqua-t-il, les nazis sont repartis pour l'Allemagne et nous sommes ici en tant que réfugiés. Le problème, c'est que les Français voient en nous des Allemands. Et comme la France et l'Allemagne sont en guerre, nous devenons pour eux des ennemis.

— Voyons, c'est impossible! s'exclama quelqu'un. Vous ne leur avez pas dit que nous étions Juifs?

— Si, bien sûr. Mais ils ne comprennent pas. Ils sont en train de consulter le préfet de la région, et j'ai l'impression qu'ils vont nous envoyer dans une sorte de camp. »

Tout le monde recommença à crier et à s'agiter, tandis que M. Engel retournait dehors pour essayer une fois de plus de se faire comprendre des autorités françaises.

Soudain, une jeune femme qui se trouvait dans notre compartiment se leva, courut à la portière, sauta sur le quai et nous cria :

« Vite, passez-moi ma valise ! »

Rudi prit son bagage et le lui tendit. Elle s'en saisit, traversa les voies en courant et s'enfuit à travers champs.

« Pourquoi n'en fais-tu pas autant ? » demandai-je à Rudi, qui revenait dans le couloir.

Il haussa les épaules et, du menton, désigna ma famille.

« Pour le même motif que toi », répondit-il.

Il avait raison, bien sûr. Nous ne pouvions pas laisser les nôtres, ils avaient besoin de nous.

Au bout d'un long moment, M. Engel réapparut. Il ne pouvait toujours pas nous dire ce qui allait nous arriver, expliqua-t-il. Puis brusquement, le train se remit en marche. C'était terrible de ne pas savoir où nous allions, de se sentir si impuissant. Je détestais ce sentiment-là. Incapable de rester tranquille, je bondis soudain sur mes pieds et, sans vraiment me rendre compte de ce que je faisais, je me mis à chanter une chanson que j'avais souvent entendue au cabaret. Elle s'intitulait *Oh, comme je voudrais que nous redevenions tous des enfants*! Bientôt, tout le monde se mit à chanter avec moi, sauf maman, mais elle ne semblait pas m'en vouloir d'avoir pris ce genre d'initiative.

Quand je fus trop fatiguée pour continuer, je m'arrêtai et les autres en firent autant. La nuit commença à tomber. Le silence régnait dans le wagon quand, finalement, le convoi s'arrêta. C'est ce silence dont je me souviens le mieux, cet étrange silence. Puis le froid. Quand les portières s'ouvrirent, je croyais qu'il ferait chaud dehors, mais pas du tout. C'est une bouffée d'air glacial qui nous frappa au visage. Le ciel était noir, menaçant, comme annonciateur d'événements plus cruels encore. Il fallut attendre, attendre plusieurs heures, dans une incertitude totale sur ce qui allait se passer. Soudain, des camions vinrent s'aligner sur le quai et on fit monter dedans tous les passagers. Je me demandai, quand notre tour arriva, comment nous allions réussir à nous en tirer avec Oma qui ne pouvait plus marcher. C'est Rudi qui nous sauva. Il la prit dans ses bras, comme si elle ne pesait rien et la porta jusque dans le camion qu'on nous désignait. Il s'était mis à pleuvoir à verse et comme il n'y avait pas de bâche, en quelques secondes nous fûmes tous trempés.

Il n'y avait pas de sièges non plus, rien, pas de bancs, et je m'agrippai à Oma en lui entourant la taille de mes deux bras pour l'empêcher de trembler. Maman me tenait en même temps serrée contre elle. Quand nous démarrâmes, dans un grand rugissement de moteur, nous eûmes beaucoup de mal à garder notre équilibre. Mais nous étions trop nombreux pour pouvoir nous asseoir ou au moins nous accroupir. Je tâchai de voir à quoi ressemblait le paysage que nous traversions, or il faisait maintenant nuit noire. Je savais seulement que nous n'étions pas dans une ville, mais en pleine campagne.

Dans un terrible grincement de freins, le camion finit par s'arrêter devant des grilles, derrière lesquelles on devinait de grands bâtiments, peut-être ceux d'une caserne, mais c'était difficile à savoir. Je réalisai soudain que, dans notre groupe, il n'y avait que des femmes et me dis que c'était bizarre. Un portail s'ouvrit et le camion avança jusqu'à une sorte de baraquement. Quelqu'un nous cria de descendre. Il fallut alors patauger dans la boue — il pleuvait toujours — tout en soutenant Oma et pénétrer dans ce qui ressemblait à une immense salle vide, sans lits, sans couchettes, sans rien. Sans fenêtres non plus. Je repérai à la faible lueur de deux lampes placées à chacune des extrémités des sortes de lucarnes formées par des planches. Il y avait une porte d'un côté, une de l'autre, c'était tout.

Hagardes, nous échangeâmes des regards stupéfaits. Étions-nous prisonnières ? Où se trouvaient donc les hommes ? Les jeunes garçons ? Qu'est-ce que les Français avaient donc en tête ? Ne comprenaient-ils pas que nous ne représentions nullement une menace, que nous haïssions les nazis au moins autant qu'eux, sinon plus ? Quelle ironie il y avait dans tout cela ! Pour les Allemands, nous n'étions pas des Allemands, seulement des Juifs. Ils nous avaient privés de nos droits de citoyens depuis des années déjà. Et pour les Français, voilà que nous étions des Allemands, des ennemis.

Un garde français hurla en mauvais allemand :

« Dans baraque 21, paille. Pour étaler par terre. Suivez-moi. »

Personne ne bougea. Les adultes semblaient paralysées.

J'empoignai Klara par le bras et l'entraînai vers une porte.

« Non! s'indigna-t-elle.

— Alors tu veux que ta mère couche à même le sol? » demandai-je.

D'autres jeunes de mon âge m'entendirent et cela dut les réveiller un peu. Elles se joignirent à moi pour accompagner le garde. À nouveau il fallut avancer avec de la boue jusqu'aux chevilles. Je portais des bottines et l'eau ruisselait déjà à l'intérieur. Certaines filles se mirent à protester, et c'est vrai que c'était dégoûtant, mais le moment ne se prêtait pas à faire les difficiles.

« Allez, les filles, m'écriai-je. On fait comme si on jouait dans un film d'horreur et que chacune d'entre nous avait le rôle de la belle héroïne, celle qui est aussi la plus courageuse. Il va falloir avancer dans le noir, patauger un moment, éviter les nazis qui rôdent embusqués partout. Mais on se dit qu'un beau garçon aux yeux verts va se précipiter à notre secours et qu'après, tout ira bien... »

Klara se mit à rire, plutôt d'un rire nerveux, j'imagine. Mais elle m'attrapa par la main et nous nous mîmes en marche. Une fois arrivées dans l'autre bâtiment, aussi sale que le nôtre, on nous distribua des brassées de paille mais nous ne pouvions pas en porter suffisamment en une seule fois pour qu'il y ait de quoi faire des lits pour tous les membres de notre famille. Il fallut donc recommencer le voyage à quatre reprises. Là, je pus installer maman, Oma et tante Mina un peu plus commodément pour la nuit. En ce qui me concernait, tant pis, je n'avais plus la force de continuer. Je retirai mes bottines trempées, mes chaussettes pleines de boue, me couchai sur mon manteau, avec mon sac en guise d'oreiller et m'endormis d'un seul coup.

Au matin, ce furent les hurlements d'une gardienne qui nous éveillèrent. Klara, qui parlait très bien français — moi, j'étais nulle —, nous traduisit qu'il fallait aller à la cuisine chercher notre petit déjeuner. Mais avant, nous devions nous rendre aux toilettes.

Je regardai autour de moi. Les femmes se redressaient péniblement en gémissant. Je comptai rapidement et constatai que nous étions au moins soixante dans cette grande salle nue. Une queue se forma qu'il suffisait de suivre. Une fois devant ce qu'on nous indiquait avec mépris comme les toilettes — quelques mètres avant, l'odeur était déjà épouvantable — je sursautai, horrifiée. Il s'agissait en fait d'une longue planche percée de plusieurs trous, avec des seaux en dessous. Pour y accéder, il fallait grimper quelques marches en bois. Jamais Oma ne pourrait faire ça, elle était bien trop faible et malade. Nous devions à tout prix trouver un moyen de la transférer dans un hôpital où là, au moins, on lui passerait le bassin.

Après cette épreuve humiliante, nous allâmes ensemble jusqu'à la cuisine, maman, tante Mina et moi, où on nous distribua à chacune un petit morceau de pain et un bol de mauvais café.

« Il y a des barbelés partout ! m'exclamai-je, tandis que nous revenions vers notre baraquement. C'est une prison, ce truc !

— Oui, ma chérie, dit maman. Mais au moins, ce n'est pas une prison allemande. Les Français vont finir par comprendre qui nous sommes et ils s'occuperont de nous.

— N'empêche que, pour l'instant, ils nous traitent en ennemis!

— J'ai réussi à me renseigner un peu, dit tante Mina. Non, ce n'est pas une prison. C'est en fait un camp de réfugiés qui s'appelle Gurs. Il a été construit à l'origine pour des républicains espagnols qui avaient fui leur pays à la fin de la guerre civile. Certains d'entre eux, d'ailleurs, sont encore là. Nous sommes des réfugiés, nous aussi. Ce que je pense, c'est que, au bout de quelques jours, les Français sauront s'organiser et tout ira mieux. Ça ne doit pas être facile de trouver de quoi nourrir des centaines de personnes. Il y a des restrictions en France aussi. »

Comme d'habitude, maman et tante Mina essayaient de voir les choses le plus raisonnablement possible. Mais moi, je savais que l'intuition est souvent plus efficace que la raison. C'est au cabaret que j'avais appris ça, en écoutant les artistes discuter entre eux. Si je regardais autour de moi, je voyais quoi? Des barbelés, des gardiens, de la paille pour dormir, des toilettes répugnantes de saleté. Tous mes espoirs de trouver en France de meilleures conditions de vie qu'en Allemagne s'évanouissaient. Je savais maintenant que si nous voulions survivre, il faudrait lutter, lutter encore et ce serait très dur. Et j'allais devoir veiller de toutes mes forces à ce qu'il n'arrive rien de mal à ma famille.

Une fois de retour dans notre baraquement, je trouvai Klara et sa mère assises par terre en train de sangloter. Elles n'avaient pas voulu utiliser les toilettes ni aller à la cuisine. Du coup, elles n'avaient rien mangé et ne se sentaient pas bien du tout.

« Je ne peux pas aller m'asseoir sur cette horrible planche! Je ne peux pas! pleurait Klara.

— Moi non plus! renchérissait sa mère. C'est tellement primitif! Et il n'y a même pas de papier! Comment allons-nous faire?

— Voyons, vous ne pouvez pas vous retenir indéfiniment! dis-je. Autant en prendre votre parti et y aller. Mais attendez une minute. »

Je courus trouver maman et lui demandai si elle avait un mouchoir dans son sac. Elle regarda, me fit signe que oui et me le donna.

J'en avais un aussi. J'allai retrouver Klara et sa mère et les leur tendis, en les aidant à se mettre debout.

« Tu as raison, Anna, soupira Mme Engel. Nous allons devoir nous habituer à tout. Tu es gentille, mais garde tes mouchoirs. Ils peuvent t'être très utiles. Nous nous débrouillerons, Klara et moi. »

Je les conduisis aux toilettes, puis à la cuisine, où elles reçurent la même ration que nous. Le café était servi à tout le monde dans de vieilles boîtes de conserve... Après quoi, tandis qu'elle pataugeait dans la boue pour revenir à notre place, Mme Engel se remit à pleurer. Ce n'était pas parce que ses jolies bottes en daim allaient être irrémédiablement abîmées, non, c'était à cause de son mari et de Rudi dont elle n'avait aucune nouvelle.

« Nous allons essayer de savoir où ils sont, Klara et moi, proposai-je.

— Oh, Anna, tu ferais ça?

— Bien sûr, voyons, allez, Klara, viens! »

Elle me regarda et je compris qu'elle n'aurait pas la force de me dire non. Elle était aussi petite que moi j'étais grande. Comme son frère elle avait les cheveux roux, de grands yeux verts et, dans la rue, tout le monde se retournait pour la regarder passer, car on ne pouvait pas imaginer plus ravissant visage. Je devrais dire, pour nous regarder passer, quand nous sortions ensemble. Avec mes yeux noisette et mes cheveux châtain foncé, j'étais très différente, et le contraste entre nous deux avait quelque chose de frappant.

« Allez, répétai-je. Viens! »

Dieu merci, il ne pleuvait plus. Nous contournâmes notre baraquement, puis un autre et encore un autre, avant d'arriver à une clôture de barbelés. De l'autre côté, à plusieurs mètres de nous, on voyait des groupes d'hommes et de jeunes garçons. Je criai de toutes mes forces :

« Venez-vous de Manheim? »

Quelqu'un nous répondit :

« Oui!

— Tous les passagers du train sont-ils là?

— Oui, je crois. Et de votre côté, y a-t-il toutes les femmes?

— Oui! Toutes! Mais nous n'avons pas eu nos bagages!

— Nous non plus! »

Bon, au moins nous savions maintenant où se trouvaient M. Engel et Rudi. Je me hâtai d'aller le dire à Mme Engel qui eut l'air très soulagée d'apprendre qu'ils étaient dans le même camp.

Maintenant, ce que nous voulions tous, c'était faire savoir à nos familles qu'on nous avait enfermés à Gurs. Il fallait absolument que ma sœur, en Angleterre, mon frère, en Amérique et les cousins de mon père à Berlin, apprennent où nous étions. Les gardes nous dirent que nous pourrions bientôt envoyer des lettres et même des télégrammes, ce qui nous fit attendre avec encore plus d'impatience l'arrivée de nos bagages car nous avions tous pris la précaution d'emporter de quoi écrire.

Quand finalement les valises nous furent rendues, une fois de plus, j'eus du mal à croire ce que je voyais car on se contenta de nous les jeter en vrac dehors, dans la boue. La mienne avait été ouverte et je ne retrouvai plus mes jolies blouses brodées. Volées! Mais ma serviette en cuir était là, et je récupérai aussi mes jupes et mes chaussettes. La valise de maman ne réapparut pas, celle de tante Mina semblait intacte mais celle de ma grand-mère était si trempée qu'il paraissait peu probable d'y dénicher un seul vêtement en bon état. Tout le monde se bagarrait pour essayer de retrouver ses affaires. Plusieurs femmes pleuraient.

Immobile, je serrais ma serviette contre moi. Quelle idiote j'avais été de vouloir l'emporter ! Mes rêves de retourner à l'école ou de trouver un travail s'étaient évanouis. J'eus un instant envie de la lancer dans une flaque de boue et de l'abandonner là. Mais au plus profond de moi une voix me dit : « Ne fais pas ça, garde-la. Tant que tu l'auras, il te restera de l'espoir. » Et je la gardai.

Heureusement, le papier à lettres de tante Mina était resté sec. Maman écrivit en hâte à ma sœur, mon frère et nos cousins. Une gardienne prit les trois enveloppes, ainsi que le courrier des autres un peu plus tard.

Je ne pus alors m'empêcher de dire une blague — une de mes préférées :

« Question : quel est le texte d'un télégramme juif ? Réponse : Commence à t'inquiéter. Lettre suit. »

Ce qui déchaîna les rires…

Au bout de trois jours, les choses commencèrent un peu à bouger. Enfin ! On nous distribua un supplément de paille, des sortes de draps pour la recouvrir, et plus personne n'eut à coucher directement sur le sol. Comme c'est ce que je faisais depuis trois nuits, je fus plutôt contente d'avoir enfin un matelas — si on pouvait appeler ça un matelas...

Et toujours au bout de trois jours, on nous permit de nous laver pour la première fois. Oh, ce n'était pas dans d'excellentes conditions, là non plus. De l'eau coulait dans des abreuvoirs, comme ceux où l'on fait boire les bêtes, et il fallait faire sa toilette et donc se déshabiller dehors, devant tout le monde. Notre abreuvoir à nous, en plus, se trouvait à proximité de la clôture et de la route qui passait derrière. Je fus obligée d'ôter ma chemise pour la laver sous les yeux de nos voisines, mais je n'avais pas le choix. Klara commença par refuser d'en faire autant, sa mère aussi. Maman se chargea de leur parler :

« Voyons, dit-elle, vous préférez vous laver ou avoir des poux ?

— Des poux ? s'exclama Mme Engel.

— Mais oui. Soyez raisonnables, il faut à tout prix essayer de rester propres.

— Ce matin, j'ai vu deux rats, déclarai-je.

— Oh ! gémit Klara.

— Tu vois, insista maman. Ce n'est pas le moment de faire la difficile. »

Klara céda, mais pas sa mère. Enfin, pas ce jour-là.

Plus important que tout, nous réussîmes à faire admettre Oma dans un baraquement pompeusement appelé médical. Cela n'avait rien d'un hôpital mais d'autres personnes âgées s'y trouvaient aussi et des volontaires furent recrutées pour venir s'en occuper.

Si bien qu'au bout d'un certain temps, un peu d'ordre finit par s'instaurer dans le chaos général. Oma eut même un vrai lit et une sorte de routine présida à notre vie à tous. Mais je n'arrivais pas à me sortir de la tête un refrain de *L'Opéra de quat'sous* de Brecht :

*Le requin, lui, il a des dents…*
*Le requin montre ses dents.*

Les requins avaient l'air de nous cerner de tous les côtés. Et si leur dîner, ce devait être nous?

# 4

*Le requin, lui, il a des dents,*
*Mais Mackie a un couteau.*
*Le requin montre ses dents,*
*Mackie cache son couteau.*

Bertolt Brecht,
*L'Opéra de quat'sous.*

Nous restons recroquevillées sur nous-mêmes, contre ce mur. Je donnerais n'importe quoi pour pouvoir étendre un peu mes jambes. Klara me chuchote à l'oreille :

« J'ai l'impression que nous sommes là depuis

des heures. Tu crois que ça va encore être long ? »

Je chuchote à mon tour :

« Je n'en sais pas plus que toi. On n'entend plus rien. Il doit être au moins trois heures, peut-être même quatre. Mais Mme Debard ne nous laissera sortir que lorsqu'il n'y aura plus aucun danger.

— À quoi penses-tu, Anna ?
— À Gurs. Et toi ?
— Moi aussi. Je pense à nos concerts là-bas.
— Attention, j'entends quelque chose ! Tais-toi ! »

Des branches craquent. Il y a un bruit de bottes sur les graviers. Au moins, qu'on ne me torture pas ! Qu'on me fusille tout de suite. Je ne crois pas que je pourrais supporter d'être torturée plus d'une minute. Après, je serais prête à dire n'importe quoi. Vraiment n'importe quoi. J'ai à nouveau du mal à respirer et l'envie me submerge d'un seul coup de sortir de derrière ce tas de bois. Même si c'est pour tomber droit entre les mains des hommes de la Gestapo. Pourquoi ne pas en finir une bonne fois ?

Les concerts. Je vais penser à nos concerts.

*
* *

Peu à peu, il avait bien fallu mettre au point une forme d'organisation, à l'intérieur du camp et même à l'intérieur de chaque baraquement. Maman offrit de s'en occuper pour le nôtre, elle qui avait toujours tenu les registres de son petit commerce. Les Français avaient besoin de savoir qui vivait là, qui mourait, combien de rations alimentaires il fallait, etc. Et puis un autre problème avait surgi : on avait le droit de se faire envoyer de l'argent de l'extérieur, si de la famille ou des amis pouvaient s'en charger mais, en conséquence, un marché noir de vivres et de médicaments s'était vite mis en place. Et cela devenait terriblement injuste à l'égard de ceux et celles qui ne recevaient rien. M. Engel élabora alors tout un système selon lequel chaque personne qui en avait les moyens pouvait dépenser une somme fixe par mois, mais à condition de payer une petite taxe destinée à aider les plus démunis. Maman était chargée, avec trois autres femmes, de veiller au bon fonctionnement de cet arrangement.

En décembre, les gens commencèrent à mourir de faim. J'allais souvent aider maman et, tous les jours, des hommes — des Juifs de l'autre partie du camp — venaient frapper à sa porte pour lui demander :

« Vous avez quelque chose pour nous ? »

Ils voulaient dire, des cadavres. Je n'arrivais pas à m'y habituer. C'était une façon tellement brutale de s'exprimer.

Au bout d'un certain temps, les gardes — tous des Français, naturellement — furent remplacés par des civils du coin qui habitaient dans des baraquements juste à l'extérieur du camp. Ils étaient tous armés mais j'appris assez vite que leurs revolvers n'étaient pas chargés. Comment avais-je réussi à le savoir ? Tout simplement en bavardant avec l'un d'entre eux, pour essayer d'améliorer mon français. Il m'avait fait quelques confidences. Naturellement, je le répétai à tout le monde mais, même si nous savions maintenant qu'on ne risquait pas de nous tirer dessus, à quoi bon nous évader ? Car où aurions-nous bien pu aller ?

Je m'égare... Oui, les concerts. Comment cela a-t-il commencé ? Avec Oma, bien sûr. J'allais la voir tous les jours. Rien de plus facile que d'avoir un laissez-passer. Maman m'en faisait un, c'est tout, mais ça, je ne le disais à personne sauf à Klara, pour qu'on ne croie pas que je bénéficiais d'un traitement de faveur. Au bout de deux semaines, environ, Oma avait peu à peu repris ses esprits. Elle semblait savoir où elle était et me reconnaissait.

« Quel épouvantable endroit, Anni », me disait-elle.

Elle commençait toujours notre conversation ainsi.

« Oui, Oma, c'est vrai. »

Elle avait raison. C'était horrible. Et toujours tellement sale. Nous devions suspendre nos vêtements à des fils fixés au mur par des clous pour les mettre à l'abri des rats. On ne nous donnait de l'électricité que deux heures par soirée, de six à huit, après quoi nous vivions dans le noir. Il n'y avait qu'un seul réchaud, allumé lui aussi seulement deux heures par jour, et les femmes se battaient pour savoir qui aurait le droit de chauffer un peu d'eau pour se faire du thé. Je n'aurais jamais pu imaginer qu'on en vienne presque aux mains pour une tasse de thé. On ne nous servait pratiquement rien à manger, de la soupe à midi, de la soupe le soir. De la lavasse, plutôt. Et si par hasard il y avait quelques légumes dedans, il s'agissait de ceux qu'on ne m'aurait pas donnés à la maison, des navets, par exemple. Parfois, nous avions de la viande de cheval. Ou des espèces de tripes dégoûtantes. Je n'aurais jamais imaginé que c'était aussi affreux d'avoir faim. Et pas parce que l'heure du dîner approche. Non, faim au point d'avoir mal, en se disant que ce serait toujours pareil. Beaucoup plus tard, nous devions découvrir que le directeur du camp et quelques autres avaient détourné à leur profit une partie de l'argent versé par le gouvernement pour nous acheter de la nourriture. En ce qui me concerne, cela fait d'eux des assassins.

« Je vais mourir ici, continuait Oma, j'aurais bien voulu que tu emportes mon linceul.

— Oma, tu ne vas pas mourir ici. On nous laissera bientôt partir. »

Évidemment, je mentais. Je savais désormais que tant que la guerre durerait, on ne nous relâcherait pas. Maman avait réussi à apprendre pas mal de choses. Le 4 octobre, une loi avait été votée par le gouvernement de Vichy, donnant le droit aux préfets d'interner les Juifs étrangers. La façon dont les choses se passaient en France était très bizarre, depuis que le pays avait été envahi par les Allemands en juin 1940. La moitié nord était occupée, mais pas la moitié sud, qu'on appelait la zone libre et où le maréchal Pétain avait installé son gouvernement, à Vichy. Sa politique consistait à collaborer avec les Allemands et il semblait avoir décidé que, pour leur plaire, il fallait s'en prendre aux Juifs. Pour la plupart, les Juifs nés à l'étranger mais vivant en France avaient déjà été privés de leurs droits de citoyens, bien qu'on leur eût promis avant la guerre de ne jamais faire cela. Beaucoup se trouvaient à Gurs avec nous. On les avait arrêtés un peu partout, eux qui croyaient être chez eux en France et que la France les protégeait. Mais pas eux, pas les Juifs. Naturellement, tous les Français n'aimaient pas Pétain. Le général de Gaulle était parti pour l'Angleterre et essayait de créer là-bas un mouvement de résistance, les Forces françaises libres. J'aurais voulu pouvoir m'enfuir et les rejoindre. Je désirais me battre !

Oma tapotait sa couverture d'un mouvement rythmé de la main qui ne cessait pas.

« Non, ma chérie, je sais que je vais mourir ici. Pourquoi n'as-tu pas emporté mon linceul ? »

Il fallait à tout prix la faire penser à autre chose.

« Devine quoi, Oma ? Sonia Morenthal est dans la même baraque que moi !

— La violoniste ? Celle qui jouait avec l'orchestre symphonique de Munich ?

— Oui, elle-même. Elle s'était installée dans la région et elle a été prise dans une rafle.

— Eh bien, vous devriez organiser un concert.

— Mais elle n'a pas d'instrument.

— En ce cas, ma chérie, trouve-lui en un. »

À vrai dire, je n'avais rien à faire, alors pourquoi ne pas essayer ?

Ce soir-là, un service religieux était prévu dehors, parce que c'était la veille de Hannukah, la fête des Lumières, et tous les habitants du camp avaient reçu l'autorisation d'y assister. Cela me donnerait l'occasion de parler avec certains de nos responsables.

Il faisait froid quand nous nous réunîmes tous. Avec des boîtes de conserve et des quarts en fer-blanc, les hommes avaient réussi à fabriquer un grand chandelier, une *menorah*, ou plus exactement, un *hannukia* et le rabbin Adler alla allumer la première lumière. Je le connaissais, il avait voyagé dans le même train que nous. Tout le monde chanta la bénédiction d'une seule voix et ce fut très pur, très beau.

Entendre les chants de Hannukah me faisait penser à mon père. Et aussi à mon frère Max, et à ma sœur Ilse. Du vivant de mon père, nous allions tous régulièrement à la synagogue. Et bien que les hommes et les femmes n'aient pas le droit de s'y asseoir ensemble, je me rappelais ce sentiment de sécurité que j'éprouvais en y allant à pied, la main dans la main de papa. Après sa mort, maman refusa d'y retourner. Elle arrêta d'observer la *cacherout*, l'ensemble de ces règles que doivent respecter les Juifs pieux, par exemple pour la nourriture. Elle disait qu'elle ne croyait plus en Dieu. Mais moi, si. Parce que si Dieu n'existait pas, cela voudrait dire que papa n'existait plus non plus. Il n'y aurait plus eu personne à qui parler le soir quand on n'arrivait pas à s'endormir, personne avec qui se sentir en sécurité. Si bien que je préférais continuer à y croire. Max et Ilse aussi.

Nous allions tous les trois à la synagogue presque chaque semaine.

D'un seul coup, ils me manquaient horriblement, même si Max avait l'habitude de me taquiner à tout bout de champ et si Ilse se plaignait que je ne me conduise pas assez comme une dame. Papa, lui, était parti pour toujours et ça, c'était le pire. Ce soir-là, je lui demandai quand même de nous aider, car nous en avions bien besoin.

Après le service, je réussis à m'approcher du rabbin Adler et lui demandai s'il connaissait un moyen de se procurer des instruments de musique. Il me conseilla d'aller parler aux membres de la Cimade, une organisation protestante dont le nom était l'abréviation de Comité intermouvements auprès des évacués. Tous volontaires, ils s'étaient installés dans le camp et vivaient dans des baraques, comme nous.

La femme que le rabbin me désigna ne ressemblait pas à l'image que je me faisais d'une volontaire chrétienne. Elle était grande, mince, blonde, très élégante, en manteau de fourrure et bottillons à talons, les cheveux savamment noués en tresses autour de la tête.

« Excusez-moi », lui dis-je en français.

Mais en entendant mon accent, elle me répondit aussitôt dans un allemand impeccable :

« Oui, je peux vous aider ?

— Le rabbin Adler m'a dit de vous demander... Eh bien, voilà. Je sais que vous essayez de nous procurer de la nourriture et des vêtements, c'est très important, bien sûr, mais il y a d'autres choses qui sont importantes aussi... »

Là-dessus, je me mordis la langue. Elle allait probablement se moquer de moi, me prendre pour une idiote.

« Quelles choses, par exemple ? » demanda-t-elle.

Je me redressai de toute ma hauteur et pensai vite, vite, à un des vers du poète Heinrich Heine, que Oma aimait tant :

*Commencer avec audace,*
*c'est déjà gagner la moitié de la partie.*

J'inspirai un bon coup.

« La musique. »

Elle ne rit pas du tout et m'observa d'un air pensif.

« Je suis d'accord, la musique est aussi importante que la nourriture, dit-elle.

— Vous le pensez vraiment ? »

Je n'en croyais pas mes oreilles.

« Enfin, peut-être pas tout à fait autant. »

Et elle sourit.

« Mais ça l'est quand même, n'est-ce pas? Parce que si nous perdons espoir et qu'autour de nous tout est trop horrible, nous n'avons plus qu'une envie : mourir. C'est vrai, n'est-ce pas? Tandis que si nous avons la possibilité de faire quelque chose de beau, d'aider les gens à rire ou à se souvenir que la beauté existe, qu'elle est là, même au milieu d'un tas de fumier, c'est très important et... »

Je m'arrêtai, car je parlais trop vite, les mots se bousculaient et j'avais peur de dire des bêtises. La jeune femme me regardait toujours d'un air sérieux.

« Vous avez raison, dit-elle. Comment vous appelez-vous?

— Anna Hirsch.

— Et moi, je suis Françoise Lorrain. »

Nous échangeâmes une poignée de main.

« Eh bien, Anna, si tu permets, j'aimerais te tutoyer, maintenant qu'on se connaît. Que me suggères-tu de faire?

— Sonia Morenthal est dans la même baraque que moi.

— La violoniste ?

— Oui. »

Merveilleux ! Elle savait qui était Sonia Morenthal !

« Il va en effet falloir lui trouver un violon. Mais toi, Anna, tu es sûrement une artiste toi-même pour parler de l'art avec tant de passion. »

D'un seul coup, la timidité m'envahit. Je n'étais rien à côté d'une Sonia Morenthal et de bien d'autres gens qui devaient eux aussi se trouver à Gurs.

« Allons, insista-t-elle, qu'est-ce que tu sais faire ?

— Oh, un peu chanter. Dire des blagues. Danser.

— Parfait. Nous allons trouver des instruments, des musiciens, organiser un concert et toi, Anna, tu chanteras.

— Jamais de la vie ! »

Elle secoua la tête.

« Mais si, cela fera partie de notre accord. Si nous montons quelque chose, cela ne se réalisera pas sans toi. »

Il me sembla entendre alors la voix d'Oma qui aimait bien répéter que si on n'essaie rien on n'arrive à rien. Et je dis oui.

J'allai retrouver Klara qui m'attendait un peu plus loin et, tandis que nous repartions en direction de notre baraque, je lui racontai ce qui venait de se passer. Elle s'exclama qu'elle était très fière de moi, mais je sentis peu à peu la panique m'envahir. Comment moi, Anna Hirsch, pourrais-je jamais chanter accompagnée par le premier violon de l'orchestre symphonique de Munich ? Voyons, c'était impossible ! Où avais-je eu la tête en acceptant ? En outre, je ne connaissais aucun air du répertoire classique. Tout ce que je savais, c'était des chansons de cabaret et celles de Bertolt Brecht et Kurt Weill.

Une fois arrivée, je fonçai droit sur Sonia Morenthal.

« Mademoiselle Morenthal ?

— Oui ?

— Écoutez, j'ai une très bonne nouvelle pour vous. La Cimade va vous procurer un violon et organiser un concert en votre honneur. »

Ses yeux s'illuminèrent, comme si on venait de lui proposer un repas complet avec soupe, plat de viande et même dessert.

Mais voilà que Klara, qui d'habitude ne

disait absolument jamais rien, décida de se mettre à parler à toute vitesse :

« Et Anna chantera accompagnée par vous.

— Merveilleux ! s'exclama Sonia Morenthal.

— Non ! répondis-je aussitôt en foudroyant Klara du regard. Je ne pourrai pas !

— Mais si, tu pourras. Quel est ton répertoire ?

— Justement, c'est ça, le problème, dis-je en me sentant devenir cramoisie. Je n'en ai pas.

— Allons donc ! Tu connais *L'Opéra de quat'sous* par cœur », rétorqua Klara.

C'est vrai que je l'obligeais à m'écouter quand je m'excerçais et que sa patience n'avait pas de limites. Elle était restée ma meilleure amie pendant longtemps puis, peu à peu, à cause de mes nombreuses occupations, nous avions fini par nous éloigner l'une de l'autre.

« Justement, j'adore Kurt Weill, dit Mlle Morenthal. Et les nazis ont interdit qu'on joue sa musique. Ce qui fait que nous devons absolument la mettre à notre programme. Parfait. Donc c'est entendu. Dès qu'on me donne un violon, nous commençons les répétitions. »

Le lendemain, dans l'après-midi, j'allai au bureau de la Cimade revoir Mme Lorrain et faire la connaissance de sa collègue, Mme Henry, aussi petite et ronde que la première était longue et mince. Je devais apprendre plus tard qu'elles avaient toutes les deux leur famille à Lyon mais étaient venues s'installer à Gurs uniquement pour nous aider.

Elles ouvrirent une porte pour me faire passer dans la pièce voisine et là, je n'en crus pas mes yeux : un orchestre pratiquement au complet était installé et les musiciens s'affairaient à accorder leurs instruments. Mme Lorrain me présenta au chef et je faillis m'étrangler d'émotion : c'était lui qui avait dirigé les premières représentations de *L'Opéra de quat'sous*! Mes envies de tuer Klara se précisèrent aussitôt. Comment pourrais-je chanter pour lui?

Mais il se montra très rassurant :

« Allons, me dit-il, nous avons vraiment besoin de chanteurs. Tu vas voir, ça ira très bien. »

Deux jeunes femmes s'approchèrent, deux vedettes de cabaret dont je connaissais le nom, et elles aussi m'encouragèrent :

« Essaie, chante-nous juste un petit air. »

Je dus m'exécuter et, croyez-le si vous voulez,

tout le monde m'applaudit à la fin! Après quoi, nous décidâmes que, par moments, nous chanterions en chœur.

C'était merveilleux! Pendant toute la semaine qui suivit, je ne remarquai même plus à quel point j'avais faim ou froid. J'oubliai la saleté, les rats, notre misérable condition. La joie absolue de travailler avec de si grands artistes dominait tout. Je crois que je n'avais jamais été aussi heureuse de ma vie...

Le grand jour arriva et le concert eut lieu l'après-midi dans un baraquement plus ou moins nettoyé pour la circonstance. Maman était là, avec tante Mina, M. et Mme Engel, Rudi et Klara à qui elle avait fourni des laissez-passer. J'étais si nerveuse que, même si on m'avait proposé quelque chose, je n'aurais rien pu manger. En tout cas, c'est ce que je répétais depuis le matin et qui m'attira pas mal de rires.

Nous chantâmes entre autres mon air préféré — toujours tiré de *L'Opéra de quat'sous* :

*Beaux messieurs qui venez nous prêcher,*
*de vivre honnêtes et de fuir le péché,*
*vous devriez d'abord nous donner à croûter.*
*Après, parlez : vous serez écoutés.*

*Vous pouvez retourner ça dans tous les sens,*
*la bouffe vient d'abord, ensuite la morale.*
*Il faut d'abord donner à tous les pauvres gens*
*une part du gâteau pour calmer leur fringale.*
*Car de quoi vit l'homme ?*
*De quoi vit l'homme ? De sans cesse*
*torturer, dépouiller, déchirer, égorger,*
*dévorer l'homme.*
*L'homme ne vit que d'oublier sans cesse*
*qu'en fin de compte il est un homme.*

De temps à autre, Mme Henry devait tendre un morceau de sucre à un des musiciens ou un bout de pain à un des spectateurs pour les empêcher de s'évanouir de faim. Malgré cela, la représentation remporta un immense succès. À la fin, il y eut un tonnerre d'applaudissements. J'étais ravie. Épuisée, mais ravie.

\*
\* \*

« Chuuut! me susurre Klara.

— Excuse-moi. J'ai chanté tout haut?

— Oui, une chanson de *L'Opéra de quat'sous*.

— C'est parce que je pensais à notre premier concert.

— Je n'oublierai jamais ta performance de ce jour-là. C'était splendide! »

Elle se tait un instant, puis reprend :

« Dis-moi, je n'entends plus de bruit de bottes. Et toi?

— Non, moi non plus.

— Alors pourquoi Mme Debard ne nous laisse-t-elle pas sortir?

— Les Allemands doivent être encore en train de nous chercher.

— Bon, en ce cas, il ne faut pas qu'on nous repère. Peut-être qu'il y en a un tout près d'ici qui nous guette. Taisons-nous et pensons à ce qui s'est passé après le concert. »

Pour une fois, c'est Klara qui me dit ce qu'il faut faire et se montre la plus raisonnable des deux. Elle a raison. Mais justement, je n'ai pas envie de penser à ce qui est arrivé après.

5

*Oh, malheur à moi !*
*Avoir vu ce que j'ai vu,*
*voir ce que je vois.*

Shakespeare, *Hamlet*.

Je courus d'une traite jusqu'à la baraque où se trouvait Oma pour lui raconter mon triomphe. Après tout, c'est elle qui avait eu l'idée de ce concert. Je montrai mon laissez-passer et voulus entrer, mais une gardienne m'arrêta.

« Je suis désolée, Anna. Elle vient de s'éteindre.

— Mais voyons, ce n'est pas possible, protestai-je. Il faut que je lui parle! »

« Elle se trompe, pensai-je, ce n'est pas vrai! Quelle idiote! »

J'allai jusqu'au lit d'Oma et lui pris la main. Une des volontaires qui s'occupaient de nous s'approcha et essaya doucement de m'écarter. Je me tournai vers elle.

« Ce n'est pas possible! insistai-je. Elle ne peut pas être morte! Elle est la seule à me comprendre vraiment. Maman trouve que c'est mal de chanter, honteux, même. Oma est la seule avec qui je peux parler de tout ça. Non, elle n'est pas morte! Oma, réveille-toi! Réveille-toi!

— Il faut aller chercher sa mère », dit quelqu'un.

Je m'accrochai à la main d'Oma et entrepris de lui raconter tout ce qui s'était passé, comment j'avais bien contrôlé ma voix, à quel point le chef d'orchestre était content. Elle semblait sourire et je crus un instant qu'elle pouvait m'entendre. Je ne sais pas combien de temps je restai près d'elle. Puis maman arriva, suivie de tante Mina. Elles sanglotaient toutes les deux. Moi, je ne voulais pas pleurer, j'étais trop en colère. Oma venait de mourir, de me quitter pour toujours. Quelle injustice !

Puis une terrible pensée me traversa l'esprit. J'avais toujours refusé de l'écouter quand elle me parlait de sa mort et de son linceul. Dans quoi allions-nous l'envelopper pour son enterrement ?

Tante Mina avait une chemise de nuit blanche dont nous revêtîmes Oma. Nous lui mîmes en plus des chaussettes blanches et une écharpe de maman autour de la tête. La cérémonie eut lieu le lendemain matin. C'est le rabbin Adler qui officia. Il pleuvait à verse. Nous pataugions tous dans la boue, nous, les Engel, y compris Klara et Rudi, et pas mal d'autres personnes qui, en réalité, n'étaient pas venues réellement pour dire un dernier adieu à Oma. On ne donnait qu'un laissez-passer par semaine aux hommes, parqués dans l'autre moitié du camp, pour qu'ils puissent rendre visite à leur femme. Mais on faisait exception pour les enterrements. Étant donné qu'environ trente personnes mouraient de faim, de froid ou de maladie par jour, cela devint vite un moyen de se voir plus souvent.

Le rabbin récita le *kaddish*, la prière qu'on dit traditionnellement aux enterrements, puis on descendit le cercueil dans la tombe. Maman et tante Mina me tenaient chacune par la main. Elles pleuraient. Moi, j'étais toujours trop en colère pour laisser mes larmes couler. Puis quelque chose d'horrible se produisit à l'instant où on relâcha les cordes. Il y avait de l'eau au fond de la fosse et la fragile boîte en bois se mit à flotter à la surface. Je poussai un hurlement, me dégageai et m'enfuis. Aujourd'hui je rêve encore de ce cercueil qui flotte et semble vouloir remonter vers moi.

*
\* \*

Le lendemain, le rabbin Adler vint me trouver.

« Anna, me dit-il, je suis en train de constituer un petit groupe de jeunes qui viendront étudier la Torah avec moi l'après-midi. J'aimerais que tu te joignes à nous.

— La Torah? La Loi juive? Tout ce qui concerne la religion? Mais je n'y connais rien.

— En ce cas, tu apprendras. Plusieurs garçons et filles se sont déjà inscrits. Tu sais, cela vaut mieux que de ne rien faire du tout. Alors?

— Bon, d'accord, je veux bien essayer. »

À vrai dire, j'aurais accepté n'importe quoi du moment que cela m'empêchait de penser tout le temps à Oma.

Quand j'arrivai dans la baraque où se tenait la réunion, je vis qu'elle était pleine de monde, des jeunes d'environ quatorze à vingt ans. Un homme d'une cinquantaine d'années, à la barbe noire, se présenta à nous. Il s'appelait le professeur Malkovitch et avait enseigné l'histoire de la religion et la philosophie à Berlin, avant d'être mis à la porte parce qu'il était Juif. Il nous suggéra de commencer au commencement, c'est-à-dire par la Genèse.

Il parlait depuis un petit moment quand un adolescent à cheveux blonds se leva et l'interrompit :

« Professeur, si Ève n'avait pas goûté au fruit défendu, que Dieu lui conseillait de ne pas toucher, le monde serait-il resté un endroit parfait? Car enfin, Ève n'a-t-elle pas laissé la connaissance faire irruption, et avec elle, la notion du bien et du mal? »

Je fronçai les sourcils. C'était toujours pareil ! On rejetait la faute sur la femme ! Sans même réfléchir au fait que je ne savais rien et aurais sûrement dû me taire, j'explosai :

« Si Dieu sait tout, vous ne croyez pas qu'il savait d'avance qu'Ève allait mordre dans la pomme ? C'est lui qui a dû faire en sorte que les choses se passent ainsi. »

Je m'aperçus brusquement que tout le monde me regardait et repris d'une plus petite voix :

« Ce n'était pas la faute d'Ève. »

Le jeune garçon ne perdit pas de temps pour me répondre :

« Si elle n'avait pas touché à la pomme ce jour-là, nous ne serions pas tous ici aujourd'hui. »

Quelqu'un d'autre prit la parole :

« Donc pour toi, tout est bien de la faute d'Ève ?

— Oui, absolument. Sans la connaissance, nous vivrions tous au paradis.

— En ce cas, dit le professeur, il n'y aurait peut-être qu'Adam et Ève au monde, personne d'autre. Réfléchissez un peu à autre chose : à quoi cela servirait-il que l'univers soit peuplé uniquement de gens heureux et inconscients de leur bonheur? C'est la connaissance qui nous permet de prendre conscience de ce que nous sommes et de ce que nous avons. Et cela nous amène au cœur de la Genèse. Dieu a-t-il créé un monde parfait? Et si non, pourquoi?

— Professeur, Dieu a créé un monde qui a besoin d'être amélioré. C'est à nous de le faire. C'est ça le boulot dont nous sommes chargés. »

Il me semblait bien connaître cette voix. Je me retournai. Rudi! C'était Rudi qui parlait!

« Après tout, poursuivit-il, si le monde était parfait, si nous avions la certitude que Dieu existe, nous passerions notre temps à chanter ses louanges, sans jamais rien faire d'autre. À quoi pourrions-nous nous occuper si nous étions sûrs qu'il y a bien un Dieu? Donc il fallait qu'il mette une séparation entre lui et nous. Il a été obligé de créer un monde imparfait pour nous forcer à tenter de l'améliorer. »

Là, il m'impressionnait! C'était vraiment une façon intéressante de voir les choses. Le garçon blond se mit à crier :

« L'améliorer? C'est impossible! Le mal s'en est emparé! Il ne reste pas de place pour le bien!

— Mais nous sommes encore capables de faire des choix, n'est-ce pas? demanda le professeur Malkovitch.

— Quels choix? rétorqua son contradicteur. Nous ne pouvons pas décider si nous allons vivre ou si nous allons mourir. Ce n'est pas comme si nous pouvions améliorer notre sort en travaillant dur. Vous voyez bien qu'il ne nous reste aucun choix. Les nazis ont tout pris.

— Si, il nous reste encore une possibilité de choisir, dit Rudi.

— Laquelle?

— Celle de choisir entre l'amour et la haine. Ou entre l'amour et la peur. »

Chacun resta silencieux pour réfléchir à ce qui venait d'être dit. Rudi, de loin, me fit un clin d'œil. Je secouai la tête, exaspérée. Je ne pouvais m'empêcher de penser à une réplique de *Hamlet* : « Oh, quel rustaud suis-je! »

Rudi, pour moi, avait toujours fait figure de rustaud. J'y étais habituée, et ce qui semblait curieux, c'est que là, un instant, il m'avait touchée, émue, même. Alors que d'habitude, je le méprisais un peu et que, au fond, cela me plaisait. Bizarre…

Je dois reconnaître que je trouvai cette première réunion très intéressante. Et que j'allai à la suivante. Et à celle d'après. C'était curieux. Avant l'arrivée des nazis, je n'attachais pas beaucoup d'importance au fait d'être juive. Et voilà que je découvrais ce que cela signifiait. Et que c'était pour moi un vrai sujet de réflexion et non plus de haine pour nous avoir valu un destin pareil.

Au cours des mois qui suivirent, je fus donc très occupée, entre l'aide que j'essayais d'apporter à maman, les répétitions pour de nouveaux concerts et les leçons du professeur Malkovitch. Un soir, en retournant dans notre baraquement, je trouvai maman toute souriante. C'était la première fois que je la voyais ainsi depuis la mort d'Oma.

« Ferme les yeux, me dit-elle.

— Pourquoi ?

— J'ai une surprise pour toi.

— Une surprise ? »

Qu'est-ce que cela pouvait bien être ? Néanmoins, je fermai les yeux et me laissai conduire. Soudain, maman s'exclama :

« Voilà, ça y est, tu peux regarder ! »

Ce que je fis. Et devant moi, il y avait un lit, un vrai lit !

« C'est grâce aux réfugiés espagnols, m'expliqua maman. Ils ont découvert où étaient stockés les barbelés et en ont subtilisé quelques rouleaux. Après avoir réussi à arracher les pointes, ils ont utilisé le fil de fer pour fabriquer des supports pour nos paillasses. Tu vois? Toi et moi allons partager ce lit-là et tante Mina prendra celui d'à côté. Bien sûr, il a fallu payer, mais cela en valait la peine. »

Ce soir-là, pour la première fois depuis des mois, je ne couchai pas par terre et m'endormis très contente. Mais soudain, au beau milieu de la nuit, un bout de fer se décrocha du reste et vint me piquer les côtes. Je me réveillai en sursaut pour m'apercevoir que tout un côté de mon prétendu lit s'était effondré et que je me retrouvais prisonnière, sans pouvoir me relever, ni me dégager. Maman dormait si bien qu'elle n'avait même pas bougé, ne s'étant aperçue de rien. Je ne me décidai pas à la réveiller et restai donc ainsi coincée dans un enchevêtrement de fils tordus jusqu'au matin. Quand elle ouvrit les yeux et vit ce qui se passait, elle me fit de vifs reproches :

« Tu aurais dû m'appeler, voyons! »

Klara arriva au même instant et ne put s'empêcher d'éclater de rire.

« Arrête ! lui intimai-je. Si tu crois que c'est drôle ! Aide-moi plutôt à sortir de là !

— Anni, gémit maman, tu vas avoir mal partout ! Quelle idée de ne pas m'avoir prévenue ! »

À elles deux, elles s'efforcèrent de me dégager, tandis que tante Mina et Mme Engel, appelées à la rescousse les aidaient de leur mieux. Mais toutes riaient si fort qu'il leur fallut du temps pour me tirer d'affaire. Quand finalement elles y parvinrent, ce fut à mon tour de m'esclaffer, au point que je crus ne jamais pouvoir arriver aux toilettes à temps.

Je m'y précipitai avec Klara. Il avait fait si froid depuis plusieurs jours que la boue s'était durcie et nous pouvions courir sans risquer de glisser. Mais nous n'aurions jamais imaginé le spectacle qui nous attendait là-bas…

Une vieille femme était recroquevillée sur elle-même, à même le sol, morte.

« Elle a dû tomber cette nuit en essayant de se hisser jusqu'au siège, chuchota Klara, horrifiée elle aussi, et ne plus pouvoir se relever ensuite. Elle est restée là, toute seule, et puis elle est morte.

— Oui, c'est sûrement ce qui s'est passé.

— Ils feraient aussi bien de nous fusiller tous tout de suite, tu ne crois pas?

— Non! Ne dis jamais ça! D'ailleurs, c'est peut-être ce qu'ils vont faire.

— Ça m'est égal! Ça m'est complètement égal! Au moins, on en finirait vite! Qu'avait donc fait cette pauvre femme pour mériter une mort pareille? Quel est donc ce Dieu qui permet que des choses pareilles se produisent? Je le hais! »

Cet après-midi-là, je posai au professeur Malkovitch la question de Klara, en termes un peu différents :

« Croyez-vous que Dieu s'occupe de ce qui arrive à chacun d'entre nous? lui demandai-je dès le début de sa leçon.

— Et toi, qu'en penses-tu? » me dit-il.

C'était son habitude de répondre à une question par une autre question.

« Je ne sais pas, rétorquai-je. Si c'est le cas, il fait mal son travail. Peut-être qu'on ne peut croire en lui que si on pense que ce n'est pas lui qui supervise tout, mais bien chacun d'entre nous. »

Une fille, issue d'une famille très religieuse, je le savais, se leva.

« Non, c'est bien lui qui dirige le monde. Et il nous punit chaque fois que nous ne respectons pas ses lois. Tous les Juifs sont punis à cause de ceux d'entre nous qui ne sont pas fidèles à la Torah. »

Cela déclencha un beau tumulte.

« En ce cas, m'exclamai-je, je ne veux rien savoir d'un Dieu comme celui-là!

— Et crois-tu que nous avons le choix? me demanda-t-elle.

— Dieu n'est pas comme un père ou un oncle sévère qui vous punit chaque fois que vous faites quelque chose de mal! protestai-je. Il doit être plus intelligent que ça! Plus indulgent!

— Je crois, mademoiselle Hirsch, que vous êtes en train de répondre vous-même à votre question, observa le professeur Malkovitch. Si Dieu est plus intelligent, comme vous dites, quel est son véritable rôle?

— Vous savez quelle est la raison pour laquelle nous avons tant de mal à voir Dieu autrement que sous la forme d'une espèce de surhomme? interrogea une autre fille.

— Quelle est-elle? répondit le professeur.

— Le fait que vous l'appeliez Dieu. N'y a-t-il pas une autre façon de le désigner? Je veux dire… Enfin, vous savez bien qu'on ne doit pas prononcer son nom, d'après la Loi juive.

— Eh bien, on peut dire Adonaï, cela vous facilite-t-il les choses ? »

La réponse de Malkovitch sembla satisfaire son interlocutrice. Après quoi, la conversation générale porta sur le Livre de Job et les raisons pour lesquelles nous souffrons.

Pourtant, moi, je commençais à être d'accord avec Klara. Peu importait qu'on dise Dieu ou Adonaï. Peu importait le nom qu'on donnait à celui censé être tout-puissant. Car s'il l'était vraiment, pourquoi des choses aussi horribles nous arrivaient-elles ?

# 6

*Que tes actes soient en accord avec tes paroles
et tes paroles avec tes actes.*

Shakespeare, *Hamlet*.

J'entends un bruit de pas. Quelqu'un s'approche du tas de bois. Klara me serre la main si fort qu'elle pourrait presque me briser les os. J'entends des voix. Elles s'expriment en français. Pas en allemand. Un chien aboie. Quelqu'un commence à écarter les bûches, quelqu'un qui connaît donc la cachette. Cela veut-il dire que...

« Ici, par ici ! »

C'est une voix d'homme. Le chien aboie maintenant comme un fou, tout près de nous. J'ai l'impression que je vais m'évanouir. Klara se met à pleurer. Je me tourne vers elle.

« On ne va pas abandonner la partie maintenant ! Continue à me tenir la main et ne la lâche sous aucun prétexte ! »

D'un seul coup, toute la pile de bois s'écroule et la lumière m'éblouit au point qu'il me faut au moins une minute pour voir ce qui est devant moi. C'est un gendarme français avec son chien et il n'a pas l'air de trop savoir quoi faire maintenant qu'il nous a trouvées.

Je tire Klara plus près de moi et lui fais signe de remuer les jambes. J'en fais autant, car les miennes sont complètement engourdies. Je souris au gendarme et regarde autour de nous, pour essayer de bien saisir la situation. Il brandit son arme, comme si mon sourire équivalait à une menace. Mme Debard apparaît au coin de la maison, escortée de ses trois chiens à qui elle a l'air de brusquement donner un ordre. Aussitôt, ils bondissent sur celui du gendarme. Elle nous fait alors signe de nous mettre à courir, vite, vite, en nous désignant les bois tout proches. Puis elle se met à crier :

« Emmenez votre sale bête loin d'ici! Je ne veux pas qu'on fasse du mal à mes chiens! »

Le gendarme ne peut pas se concentrer sur tout ce qui arrive en même temps. Je fais un bond de côté, la main de Klara toujours dans la mienne et nous commençons à courir.

« Hé! » hurle-t-il.

Je me retourne et j'ai juste le temps de voir que Guy trébuche et tombe devant lui — exprès, certainement — ce qui l'empêche de se lancer à notre poursuite. Je suis soulagée de constater qu'il n'y a personne de la Gestapo, sinon on nous aurait déjà abattues.

Et juste au même moment, une balle me siffle aux oreilles. Klara hurle et s'effondre à genoux. Je me jette près d'elle.

« Tu es blessée?

— Non! Mais on nous tire dessus!

— Lève-toi! Lève-toi! Notre seule chance, c'est de courir! Lève-toi! »

Elle se redresse et nous reprenons notre course vers la lisière du bois. Droit devant nous, il y a une fosse à purin surmontée d'une planche, pour pouvoir la traverser.

Aussi, comme je ne veux pas servir de cible là-dessus, j'en fais le tour, tirant Klara avec moi. On hurle toujours derrière nous. Un rapide coup d'œil m'apprend qu'il y a maintenant deux gendarmes à nos trousses, mais toujours personne de la Gestapo. Guy court derrière eux et, sur ses talons, il y a les chiens de Mme Debard. Je vois les gendarmes arriver à la hauteur de la fosse, se ruer sur la planche. Puis brusquement, plus rien, plus personne. Ils sont tombés droit dans le purin!

Klara et moi sommes maintenant à l'abri des arbres et nous allons aussi vite que nous pouvons entre les broussailles et les ronces, à bout de souffle. Nous nous écorchons les jambes et les bras, mais tant pis, je ne veux pas ralentir.

Finalement, Klara dégage sa main de la mienne et s'écroule par terre. Elle n'arrive même plus à parler. Moi non plus, d'ailleurs. Je m'effondre à côté d'elle. Quand j'ai un peu retrouvé ma respiration, je lui demande :

« Tu as vu?
— Quoi?
— Ils sont tombés dans le purin!
— Non!
— Si! »

Elle se met à rire.

« Je ne crois pas qu'ils viendront encore après nous, maintenant, dit-elle.

— Sauf s'il y avait d'autres gendarmes derrière ceux-là. Ce n'est pas impossible. Qui auraient, eux, d'abord fouillé la maison. »

La nuit commence à tomber et j'essaie de réfléchir à ce qu'il convient de faire maintenant. Faut-il tenter d'aller se réfugier dans une autre ferme? Ou alors se diriger vers le village du Chambon et la maison du pasteur Trocmé? Ou plutôt partir vers un autre village? Soudain, j'ai une idée.

« Nous devons trouver abri dans une autre ferme, dis-je à Klara. Je sais qu'il y en a une pas très loin d'ici. J'y suis allée une fois avec Rudi. Mais c'est derrière la maison de Mme Debard par rapport à ici. Il faut donc que nous revenions sur nos pas, en faisant un assez large détour. C'est la seule façon, sinon j'ai peur que nous nous perdions. »

Klara ne discute pas. Il faut bien que nous fassions quelque chose. Et nous nous remettons en marche, en prenant garde de ne pas approcher de la ferme. Mais on n'y voit presque plus rien et je commence à m'inquiéter. Pour l'instant, la lune n'est pas assez haute dans le ciel pour nous éclairer et je redoute de me perdre.

« Klara, dis-je, il faut qu'on attende un peu. »

Nous nous asseyons sur un tapis d'aiguilles de sapin, adossées à un vieux tronc. Il ne fait pas vraiment froid, heureusement. Enfin, ce ne serait pas du tout confortable de passer toute la nuit dehors mais, au moins, nous ne gèlerions pas. Pendant un moment, nous ne disons rien. Finalement, je murmure :

« On l'a échappé belle.

— Merci, dit Klara.

— Merci de quoi?

— De nous avoir amenées jusqu'ici. Toute seule, je n'y serais jamais arrivée. »

Peu à peu, la lune s'élève, elle va bientôt apparaître au-dessus de la cime des arbres. Le ciel est clair, les étoiles brillent. Je demande à Klara :

« Tu es prête? Il va falloir y aller.

— Je suis prête. »

Nous avons la chance de pouvoir suivre un moment la lisière du bois, ce qui nous protège. Mais il faut ensuite traverser une immense prairie qui descend en pente douce vers la ferme que je veux atteindre et dont on aperçoit les lumières au loin. Je calcule qu'il y a à peu près une heure de marche avant d'y arriver.

« Ne parlons plus, dis-je à Klara. Il ne faut surtout pas que des chiens nous entendent et se mettent à aboyer. »

Maintenant, je me repère très bien et je sais parfaitement quel chemin suivre. Heureusement... Quand nous approchons du but, un aboiement se fait entendre dans une grange, un autre dans la maison. Je frappe à la porte. Un vieux monsieur aux yeux très bleus, à la chevelure blanche, vient ouvrir.

« Bonsoir. Tu es Anna, n'est-ce pas?

— Oui. Bonsoir, monsieur Chave. Voici mon amie Klara. Nous étions cachées chez Mme Debard, mais les gendarmes nous ont découvertes.

— Oh! s'exclame-t-il. Entrez, entrez vite toutes les deux. Mathilde, descends, je te prie! »

Sa femme arrive aussitôt et prend soin de nous comme si nous étions deux petits chats qui avaient failli se noyer. Elle réchauffe de la soupe, nous fait du thé, nous pose à chacune une couverture sur les épaules pour que nous n'ayons pas froid. Puis elle nous prépare un grand lit, dans la pièce juste à côté de la cuisine et nous dit de rester là jusqu'à ce que les choses se tassent un peu.

« Ici, vous êtes chez vous », dit-elle simplement.

Je me niche avec plaisir sous l'énorme édredon. Quand je me tourne vers Klara, je vois qu'elle dort déjà.

Mais pour moi, le sommeil ne vient pas. Je me fais du souci. Les gendarmes ont-ils pris d'autres Juifs? Il y a tant d'enfants juifs, dans les environs. Et qu'est-il arrivé à Mme Debard et aux membres de sa famille? Les a-t-on arrêtés parce qu'ils nous cachaient? Je ne saurai probablement rien avant le lendemain. Les nouvelles vont vite, par ici. Jusque-là, je ne peux qu'espérer. Et prier.

*
\* \*

Je me souviens très bien de la première fois où j'ai entendu parler du Chambon-sur-Lignon. Cela faisait presque un an que nous nous trouvions à Gurs. On était en septembre et je venais de participer à un concert qui m'avait demandé beaucoup de travail. Il s'agissait de chanter des airs de *La Flûte enchantée* de Mozart, accompagnée par l'orchestre au grand complet. Je rentrais juste dans notre baraquement quand surgit Mme Lévy, un membre de l'OSE, l'Œuvre de secours aux enfants, une des organisations charitables qui s'occupaient de nous. Certaines étaient juives, comme l'OSE, justement, l'ORT (Organisation de reconstruction pour le travail), le HICEM, fédération de plusieurs œuvres, le AJDC (America Joint Distribution Committee). Naturellement, il y avait par ailleurs la CIMADE, dont j'ai déjà parlé, protestante, les quakers protestants, et aussi la Croix-Rouge suisse.

Et voilà que Mme Lévy, de l'OSE, demandait à maman si elle souhaitait me voir sortir du camp. Sans hésiter une seconde, maman dit oui. Elle ne me laissa même pas la possibilité de protester, de crier que je ne voulais pas les quitter, tante Mina et elle.

Au cours de ce mois de septembre 1941, le gouvernement de Vichy avait décrété qu'aucun « étranger de race israélite » ne serait plus libéré d'un camp d'internement s'il n'avait pas vécu en France avant le 10 mai 1940. Cela signifiait que, même si nous trouvions quelqu'un acceptant de nous héberger, le gouvernement français nous garderait prisonniers, dans le seul but de plaire à l'occupant allemand et aux dirigeants français qui haïssaient les Juifs. On pouvait encore émigrer, mais à la seule condition qu'un pays veuille bien nous accueillir. Restait le cas de quelques femmes et de quelques enfants autorisés à aller séjourner dans des centres un peu moins rudimentaires que Gurs, par exemple, mais seulement si on savait toujours où ils se trouvaient. Apparemment, la Croix-Rouge venait d'ouvrir des foyers pour enfants au Chambon-sur-Lignon, un village de la Haute-Loire, pas très loin de Vichy, au nord-ouest, et de Lyon au nord-est. On nous l'expliqua très en détail. Klara, Rudi, plus quatre autres jeunes, Peter, le garçon blond du cours de Torah, Mordechai, quatorze ans, un Juif religieux, et deux filles, Lottie et Monique, nées en France mais de parents émigrés polonais, partaient avec moi.

Tout fut réglé en deux jours à peine. Je me rappelle les adieux, devant l'entrée du camp. Il était très tôt et un épais brouillard recouvrait la campagne. Les gens étaient venus nombreux nous regarder partir. Il n'y avait de gardes nulle part.

Je chuchotai à maman :

« Sauve-toi. C'est le moment.

— Je ne peux pas faire ça, Anni, me répondit-elle. Il y a ici trop de personnes dont je dois m'occuper. Que deviendraient-elles sans moi?

— Et toi, tante Mina?

— Voyons, il faut que je reste près de ta mère, dit-elle en souriant.

— Et moi, alors? Est-ce que je ne devrais pas rester avec vous? »

D'un seul coup je n'étais plus du tout sûre d'avoir raison de partir. Comment pouvais-je les abandonner?

« Non! s'exclamèrent-elles d'une seule voix. Il faut que tu t'en ailles d'ici! »

Je les embrassai, les serrai dans mes bras.

« Anni, me dit maman.

— Oui?

— Je crois que tu as beaucoup de talent.

— Vraiment?

— Je regrette qu'il ait fallu la guerre pour que je m'en aperçoive.

— Tu essayais simplement de me protéger, dis-je.

— Et je n'ai même pas réussi à faire ça, ajouta-t-elle.

— Ce n'est pas ta faute, voyons! »

Je me jetai à son cou encore une fois, avec une telle fougue qu'elle ne put s'empêcher de rire. Je ne résistai pas à l'envie de citer une phrase de *Roméo et Juliette* de Shakespeare :

« *Partir est un si doux chagrin que je voudrais te dire adieu jusqu'à demain.*

— Bravo, dit tante Mina. Mais tu n'as pas une dernière blague en réserve? »

Vite, je me creusai la tête, puis m'écriai :

« Si! Une vieille femme qui s'exprime avec un fort accent yiddish pénètre dans un restaurant très chic. Aussitôt le patron se précipite vers elle et lui dit : "On ne sert pas de Juif ici. — Ça ne fait rien, répond-elle, je n'en mange pas." »

Tante Mina s'esclaffa et même maman parvint à sourire.

« Promets-moi, me dit-elle, promets-moi qu'il ne t'arrivera aucun mal.

— Je te le promets. »

On nous fit monter dans un car qui nous conduisit à la gare, où on nous embarqua dans un train à destination de Toulouse. Je me rappelle qu'en route, nous aperçûmes la basilique de Lourdes. Le soleil levant inondait de ses rayons le dôme doré. C'était beau comme dans un conte de fées. J'avais oublié que quelque chose de semblable pouvait exister et j'en eus presque le souffle coupé.

À Toulouse, Mme Lévy nous emmena dîner. On nous servit de la soupe au poulet avec du lait dedans. C'était notre premier repas convenable depuis un an.

Après, il fallut reprendre le train jusqu'à Lyon, où nous passâmes la nuit dans un hôtel. Rudi faisait l'imbécile, sautait sur les lits, jetait les oreillers en l'air. Il m'agaçait, celui-là! Le lendemain, nous allâmes, toujours en train, jusqu'à Saint-Étienne, d'où un tortillard nous emmena au Chambon en début de soirée. Ce qui me frappait le plus, depuis le début du voyage, c'était de constater que la vie continuait, hors de notre camp. Peut-être pas la même vie qu'avant, mais enfin les gens allaient au travail, mangeaient, riaient…

Cela me plaisait, bien sûr mais, en même temps, j'étais horrifiée de voir que personne ne semblait se douter de ce qui se passait à Gurs ou dans les autres camps. Et je me disais que probablement, on ne voulait pas le savoir. Car si on l'avait su, il aurait bien fallu faire quelque chose pour que cela change. Qu'on se rende au moins compte que collaborer avec les Allemands était une terrible erreur, que le pays tout entier devait lutter contre eux. J'étais prête à parier un million de francs que, si Hitler avait envahi l'Angleterre, les Anglais, eux, n'auraient pas plié devant lui. Pas M. Churchill, leur Premier ministre, en tout cas.

On nous conduisit directement à notre nouveau logis, une petite maison perchée en haut d'une colline, avec un bois derrière et une prairie devant. Un bouquet d'arbres en contrebas empêchait de voir la ville, si bien qu'on avait l'impression d'être dans un monde à part. Nous nous regardâmes un instant tous les sept, avant de nous mettre à sauter, à bondir et à pousser des cris de joie. Libres! Nous étions libres!

Levant les bras en l'air, je commençai à danser la *hora*, cette danse des pionniers qu'on nous avait apprise au camp. Nous tenant par la main, nous tournoyâmes gaiement. Une quinzaine de jeunes sortirent de la maison et vinrent nous applaudir. Nous les entraînâmes vite dans notre ronde. Et, pendant quelques instants, tandis que le soleil couchant embrasait l'horizon, j'oubliai tout et fus parfaitement heureuse.

# 7

*Être ou ne pas être,*
*là est la question.*

Shakespeare, *Hamlet*.

Le lendemain, quand je me réveillai, il faisait très beau. À Gurs, nous nous levions toujours dans le noir, puisqu'il n'y avait pas de fenêtres dans notre baraque, et la puanteur pouvait certains jours devenir intolérable. Mais ce matin-là, la lumière entrait à flots par les interstices des volets et l'air frais de la montagne sentait délicieusement bon. S'y mêlaient des odeurs exquises venant de la cuisine et nous ne perdîmes pas de temps pour descendre voir ce qui se passait au rez-de-chaussée.

Paul Hébert nous y attendait. Il se présenta. C'était le représentant de la Croix-Rouge, chargé de s'occuper de nous, et je compris au premier coup d'œil qu'on pouvait lui faire confiance. Il ne devait pas avoir beaucoup plus de vingt-cinq ans et pourtant il ressemblait à une mère poule veillant sur ses poussins. Je peux préciser qu'il était très beau, avec de grands yeux gris et une forêt de cheveux noirs.

« Regardez-moi ça ! s'exclama-t-il, il va falloir qu'on vous remplume un peu ! »

Nous étions soit très maigres, soit tout boursouflés, et aucun ne semblait être en bonne santé.

« Bon, reprit Paul, nous n'avons pas grand-chose, mais vous devez absolument manger. »

Et il nous servit une sorte de bouillie de céréales, du pain et du lait de chèvre. Ce n'était pas la première fois que la Croix-Rouge suisse nous donnait de quoi nous nourrir. À Gurs, elle avait ouvert un bureau d'aide aux enfants mais nous étions si nombreux que nous n'avions droit qu'à un peu d'Ovomaltine et de chocolat toutes les deux ou trois semaines. Néanmoins, c'est probablement ce qui avait permis que nous ne mourions pas de faim.

« Mangez, ordonna-t-il, mangez ! »

Ce que nous fîmes. Mais nous étions habitués à de si petites portions que pas un ne put finir ce qu'il avait dans son assiette.

Klara eut soudain une merveilleuse idée. Prenant un morceau de pain entre ses doigts, elle déclara :

« Si nous le faisions griller, cela ressemblerait à de la biscotte et nous pourrions en envoyer par la poste à nos familles restées à Gurs.

— Ça, c'est génial ! *Tu* es géniale ! m'exclamai-je.

— Elle tient ça de son grand frère, observa Rudi en souriant.

— Tu aurais de la veine si tu étais à moitié aussi intelligent qu'elle, lui dit Peter qui observait Klara.

— Merci quand même ! »

Moi, ce que je remarquai surtout, c'était la façon dont Peter regardait Klara. Il y avait beaucoup de douceur dans ses yeux...

Après le petit déjeuner, Rudi et Klara partirent en direction du collège Cévenol, où on prenait les élèves, nous expliqua-t-on, à partir de la classe de sixième. Peter, moi et quelques autres fûmes priés d'aller à l'école communale du Chambon.

À Manheim, les enfants juifs avaient été expulsés des écoles publiques dès 1935. En conséquence, la communauté juive avait créé sa propre école, où enseignaient les professeurs juifs chassés de leur poste. Mais les cours s'arrêtaient à la sixième et depuis près de deux ans, je n'avais plus reçu aucun enseignement. Rudi et Klara ayant pu profiter de leçons particulières, y compris en français, avaient un niveau suffisant pour aller au collège Cévenol. Ce n'était pas mon cas.

Peter protesta tout le long du chemin.

« À quoi cela sert-il de nous envoyer en classe ? se plaignait-il. Les nazis vont bientôt arriver et ils nous attraperont et nous fusilleront. On devrait nous apprendre à nous battre, pas à parler français. »

Peter venait d'Allemagne, comme moi. Je crois que personne de sa famille ne se trouvait à Gurs et je me demandais s'il était toujours aussi sombre parce que quelque chose de terrible avait pu arriver aux siens. Mais je n'osais pas lui poser de questions. J'essayai de lui remonter le moral :

« Tu devrais apprendre le français, tu sais. Avec tes yeux bleus et tes cheveux blonds, tu pourrais faire du théâtre. Je suis sûre que tu aurais beaucoup de succès.

— Arrête, Anna ! Tu dis des bêtises. Ça ne m'intéresse absolument pas.

— Tu as tort ! Je sais ce que je dis, je connais le milieu du théâtre, tu serais très bien sur scène, mais tant pis, n'en parlons plus. »

Il m'avait vexée, mais je vis du coin de l'œil que ma remarque avait quand même dû lui plaire parce qu'il se rengorgea un peu. Et il cessa de protester.

Une fois à l'école, il fallut aller voir le directeur qui essaya de nous faire parler un peu français. Après quoi, il nous dirigea chacun vers une classe différente. J'entrai dans la mienne et m'immobilisai aussitôt, rouge de confusion. L'institutrice, une vieille dame à cheveux gris et à lunettes, me fit signe d'avancer.

« Allons, allons, viens, ne reste pas plantée là. »

Elle parlait allemand, avec un très fort accent français.

« Non, dis-je, il doit y avoir une erreur.

— Aucune erreur, c'est bien ici que le directeur veut que tu sois. »

Les enfants commençaient à rire les uns après les autres. Aucun ne devait avoir plus de neuf ans et c'était bien ça, mon problème.

« Allons, assieds-toi sur ce banc. »

Qu'aurais-je pu rétorquer? Les pupitres et les bancs étaient prévus pour des enfants de huit à neuf ans et moi, j'étais grande pour mes quatorze ans. Je n'avais pas assez de place pour glisser mes jambes sous la table et dus les laisser dépasser sur le côté, allant cogner ainsi celles de ma voisine de droite. Ma voisine de gauche, c'est-à-dire celle assise au même pupitre que moi, puisqu'ils étaient tous prévus pour deux, s'appelait Colette. Cette petite diablesse aux yeux et aux cheveux noirs s'empressa de se moquer de moi à chaque faute que je faisais en parlant français et encouragea les autres à rire en même temps qu'elle. Très bien, elle allait voir ce qu'elle allait voir. Je mis mes deux mains derrière ma tête et, lentement, m'inclinai en arrière. Le pupitre et le banc, fixés l'un à l'autre, commencèrent à basculer dangereusement. Colette poussa un cri. Aussitôt je repris une position normale et, avec un bruit sourd, le meuble retomba sur le plancher. Je fis un grand sourire à la petite peste qui me dévisagea un instant, interloquée. Puis elle se tourna vers le reste de la classe en disant que ce n'était pas gentil de se moquer de moi. À partir de là, je n'eus plus de problèmes avec personne.

Ce jour-là, après les cours, nous nous retrouvâmes tous au pied de la colline où Paul nous attendait.

« Avant de rentrer à la maison, nous dit-il, j'ai un service à vous demander. La Croix-Rouge suisse dispose de trois maisons au Chambon. L'une d'elles nous a été offerte gracieusement par une femme qui possède une ferme tout près d'ici et elle a besoin d'aide. J'espère que vous ne m'en voudrez pas mais j'ai promis que vous seriez tous d'accord pour lui donner un coup de main. »

Là-dessus il nous fit un clin d'œil qu'aucun de nous ne fut capable d'interpréter. Mais comment refuser? Peter grommela qu'on nous prenait sans doute pour des esclaves. Les autres, moi y compris, dirent qu'ils acceptaient. À la porte de la ferme, la femme nous accueillit :

« Je vous en donnerai quand vous aurez fini, dit-elle, donc n'en mangez pas en travaillant. »

Cela piqua ma curiosité. Qu'étions-nous donc censés récolter ? On nous fit prendre un petit chemin qui conduisait à un verger et là, devant nous, il y avait des dizaines de pommiers et de pruniers croulant sous les fruits. Chacun reçut un panier et au travail ! Dès que le mien fut plein, je grimpai en haut d'un arbre et, bien à l'abri des branches et des feuilles, me mis à dévorer une pomme. Puis une autre. Et une autre… Le jus coulait sur mon menton. Pendant plus d'une heure, je dévorai en paix. Qu'est-ce que c'était bon !

« Descends tout de suite ! cria Klara quand elle finit par découvrir ma cachette. Tu vas être malade comme un chien si tu continues ! »

Croyez-moi si vous voulez, c'est elle qui le fut, après avoir mangé la seule et unique pomme qu'elle reçut pour prix de son travail, pas moi. Je suppose que cela signifie qu'il n'y a pas de justice en ce bas monde…

Nous nous habituâmes très vite à notre nouvelle vie. Nous allions à l'école, faisions nos devoirs, aidions au ménage et à la cuisine à la maison et, le soir, tout le monde s'installait sur la petite terrasse, devant l'entrée, pour contempler les étoiles et discuter. Très souvent, il était question de Dieu. Généralement c'est Peter qui commençait en décrétant par exemple :

« La race humaine, en voilà une belle erreur. On peut dire que c'est un exemple de l'évolution qui a mal tourné.

— Tu ne crois pas du tout en Dieu ? lui demanda Lottie un soir.

— Non.

— Mais, intervint Rudi, ce n'est pas une raison suffisante pour ne croire en rien d'autre. S'il n'existait que nous sur terre, nous serions d'autant plus obligés d'avoir une morale. »

Rudi m'épatait toujours. Où allait-il pêcher des raisonnements de ce genre ?

« Dis donc, m'exclamai-je, tu ne crois pas que ce qu'on t'apprend au collège te monte à la tête ?

— Jalouse, hein ? Toi qui es encore avec les petits !

— Non, pas du tout ! Je te rappelle que j'ai sauté deux classes en quelques semaines à peine ! »

Je n'étais pas peu fière de mon exploit, tout en essayant quand même de ne pas trop m'en vanter.

« Excuse-nous, dit Peter, mais nous tentions d'avoir une vraie discussion.

— Peut-être Dieu a-t-il réellement des projets en réserve pour nous, hasarda Klara. Et le défi qu'il nous lance, c'est de savoir les découvrir tout seuls. »

Peter lui lança un regard noir.

« Et le projet qu'il avait concernant mon père, c'était de le faire assassiner en pleine rue pendant la Nuit de cristal, quand partout en Allemagne, en novembre 1938, on s'en est pris aux Juifs uniquement parce qu'ils étaient Juifs ? »

Klara s'empourpra.

« Non, chuchota-t-elle, bien sûr que non. »

Durant quelques instants, personne ne souffla mot. Mais Peter avait l'air si malheureux que je décidai tout à coup de dire quelque chose, n'importe quoi, pour qu'il n'ait plus le sentiment que tout le monde le regardait.

« Peut-être que les desseins de Dieu sont impénétrables, risquai-je. En tout cas, c'est ce que j'ai retenu de nos conversations avec le professeur Malkovitch. Dieu est là, mais d'une façon si mystérieuse que nous ne la comprendrons jamais vraiment. Si bien que les choses sont un peu telles que les a décrites Peter, nous sommes livrés à nous-mêmes et, comme a dit Rudi, nous devons prendre nos décisions tout seuls. Il faut que nous choisissions entre le bien et le mal. Cela n'empêche pas que par ailleurs existe une puissance supérieure qui elle, peut-être, est source d'amour.

— Oh, s'exclama Peter d'un ton sarcastique, c'est joli ce que tu viens de dire! Cela signifie que si on fait le bon choix on va droit au ciel?

— Non, pas du tout. Cela veut dire que, intérieurement, il y aura un prix à payer si on fait le mauvais.

— Les types de la Gestapo semblaient très heureux, non? ricana Peter.

— Ils croient qu'ils le sont, me hâtai-je d'intervenir. Mais ils ne connaissent pas le *vrai* bonheur, celui qu'on éprouve quand on va dans le sens du bien. Regardez le pasteur Trocmé. Son âme est immense. On dirait qu'il est sans arrêt en contact avec tout ce qui existe de bon dans le monde. »

Cela fit taire Peter. Il savait parfaitement ce que je voulais dire. Nous avions sous les yeux le plus bel exemple d'âme généreuse qu'on puisse imaginer. Le pasteur Trocmé, du Chambon-sur-Lignon, se prononçait ouvertement dans ses sermons contre toute forme de collaboration avec les nazis. Il encourageait sans relâche l'aide à l'égard de quiconque se trouvait dans le besoin. Sa femme, Magda Trocmé, leurs enfants et le pasteur Theis, qui était le directeur du collège Cévenol, se comportaient exactement de la même façon. Et il y avait aussi bien sûr tous les habitants du Chambon qui prenaient soin de nous. Au bout de quelques instants pendant lesquels personne ne parla plus, Peter demanda simplement :

« Pourquoi y a-t-il si peu de gens comme eux ? »

Klara, en guise de réponse, posa sa main sur la sienne. Rudi murmura :

« Tu te souviens de ce que papa disait souvent ?

— À propos des anges ? interrogea-t-elle.

— L'âme de l'homme a été créée le premier jour, les anges ne sont arrivés que le second. »

Il avait l'air de répéter quelque chose entendu mille fois. Enfin, il ajouta :

« Cela signifie que ceux qui n'oublient jamais de garder vivant en eux l'esprit de Dieu peuvent être qualifiés de "plus grands que les anges". »

Nous contemplions tous le ciel rempli d'étoiles et je me rappelai ce que mon père à moi répétait : qu'il y a en chacun de nous une étincelle divine.

Pas très longtemps après cette soirée, au début de novembre, la première neige tomba. C'était superbe, surtout quand tout ce blanc étincelait au soleil. À la mi-décembre, la couche était devenue si épaisse que nous allions à l'école en luge. Naturellement, c'est Rudi qui en avait eu l'idée. Et comme il m'avait mise au défi de l'accompagner, je n'eus pas d'autre choix que d'accepter.

Un matin, nous nous installâmes sur nos luges de manière à former un petit train. Rudi était à plat ventre sur celle de tête, ses pieds accrochés à la suivante où je me trouvais, moi, les pieds accrochés à la troisième, sur laquelle étaient assises Klara, Lottie et Monique.

Il faisait un froid piquant et une buée se formait dès que nous ouvrions la bouche.

Rudi démarra en trombe et nous dévalâmes la pente en criant et en chantant, jusqu'au moment où un bruit plus fort commença à se faire entendre, que je reconnus aussitôt : le train ! Le train dont le sifflet retentit une première fois, puis une seconde. Il arrivait en contrebas et nous, nous filions droit en direction des rails. Impossible de nous arrêter à la vitesse à laquelle nous allions, à moins de décider de basculer dans la neige tous en même temps. Mais le sifflement faisait que nous ne nous entendions plus. Le train était en avance sur son horaire habituel. Pourquoi, je n'en sais rien. De l'autre côté de la voie, Hannah et Peter qui étaient descendus à pied, nous faisaient de grands gestes, probablement pour nous ordonner de stopper.

Je voyais bien que Rudi, crispé sur sa luge juste devant moi, n'en avait pas la moindre intention. Nous traversâmes la voie dans un grand jaillissement d'étincelles juste sous le nez de la locomotive. Après quoi les trois luges ralentirent et allèrent s'enfoncer à moitié dans un tas de neige fraîche. Le souffle coupé, je réussis à articuler :

« Rudi, on a failli se faire tuer !

— Oui, répondit-il avec un large sourire,

mais maintenant, on sera bien réveillés pour écouter le cours, n'est-ce pas? »

Ce soir-là, je m'aperçus qu'une fois de plus Rudi n'était pas rentré à l'heure du dîner. Cela faisait un bon moment qu'il n'était pratiquement jamais avec nous en fin de journée. Je décidai alors de guetter son retour et d'avoir une petite explication avec lui. Il était bien capable de commettre quelques sottises en ville. On ne savait jamais ce qu'il pouvait inventer.

Je me postai à une fenêtre et finis par le voir arriver. Aussitôt, je courus m'embusquer dans le couloir et l'arrêtai quand il passa à ma hauteur.

« Rudi!
— Tiens, c'est toi, Jolies Jambes? Que se passe-t-il? Les bébés avec qui on t'a collée en classe te font des misères? Raconte-moi tout et j'irai leur dire deux mots.
— Très drôle! Et je te répète quand même que j'ai sauté deux classes. Ce que je veux savoir, c'est ce que tu peux bien fabriquer le soir. Non pas que ça m'intéresse vraiment, mais Klara a assez de soucis comme ça sans que tu lui en causes davantage.

— Ce que je peux bien fabriquer? Voyons… Eh bien, mettons que cela a quelque chose à voir avec le fait que Le Chambon est plein de Juifs. Certains d'entre eux ont besoin de gagner la Suisse et absolument aucun n'a de papiers.

— Et alors?

— Alors il se trouve que je suis un assez bon faussaire.

— Quoi? C'est une blague?

— Non. Mais je vais quand même t'en dire une. Un Juif allemand demande à un copain : "Puis-je t'emprunter une feuille de papier à cigarette? — Non, répond l'autre, j'ai utilisé la dernière qui me restait pour emballer ma ration de viande."

— Ah, très drôle! » m'exclamai-je en me retenant pour ne pas éclater de rire.

Je devais reconnaître qu'il avait fort bien raconté son histoire…

« Bon, poursuivit-il, la vérité, c'est que j'ai parlé avec des garçons, au collège, et découvert que la Résistance a des moyens de faire passer des Juifs en Suisse. Mais il faut des faux papiers. Or j'avais appris à en fabriquer en Allemagne.

— Vraiment? »

Là, je tombais des nues. Rudi, ce plaisantin, faisait des choses pareilles?

« Oui, vraiment. Un de mes professeurs était expert en calligraphie et il m'obligeait à recopier des pages et des pages d'écriture souvent compliquée. Je me plaignais à mon père en disant que cela ne servait à rien, sauf si on voulait faire de moi un jour un faussaire. C'est drôle, hein? »

Puis brusquement, il me regarda droit dans les yeux.

« Dis donc, ça m'arrangerait bien si quelqu'un m'aidait la nuit à apporter des faux papiers dans les différentes maisons où des Juifs attendent. Ça te tenterait?

— C'est une blague?

— Oui. Un Juif dit à un autre...

— Peu importe ce qu'il dit, l'interrompis-je en lui donnant une petite tape sur le bras. Bien sûr que je vais t'aider.

— Parfait. Après la classe, je vais dans une ferme où nous avons installé notre équipement. Je t'indiquerai où c'est. Si tu m'y retrouves vers sept heures, nous réussirons à abattre deux fois plus de travail. »

Et c'est ainsi que les choses se passèrent. Le premier soir, je portai des papiers à une famille juive française qui était venue au Chambon — tout à fait légalement, d'ailleurs — parce qu'elle redoutait que le gouvernement de Vichy ne s'en prenne bientôt aux Juifs français autant qu'aux Juifs étrangers. C'était une attitude pleine de sagesse car il paraissait évident qu'aucun Juif ne pouvait plus se sentir à l'abri en France. Le lendemain, j'eus affaire à une famille originaire de Pologne, le soir d'après à un jeune homme né de parents russes. Ensuite il y eut un couple venu d'Allemagne et une femme qui avait fui Paris. Mais je rencontrai aussi des réfugiés qui n'étaient pas Juifs et qui devaient partir pour des raisons politiques, des socialistes par exemple, ou des communistes, ou alors des hommes qui voulaient rejoindre les Forces françaises libres du général de Gaulle à Londres. À ces gens s'ajoutaient des résistants, et Rudi était sans cesse en contact avec tous. Certains d'entre eux vivaient à l'hôtel, au Chambon même, et j'apportais des faux papiers là aussi. Les formulaires nécessaires qu'on ne pouvait se procurer qu'à la mairie apparaissaient mystérieusement dans le pupitre de Rudi au collège chaque fois qu'il en avait besoin. À leur manière, les Chambonnais nous aidaient, discrètement et efficacement.

Le plus curieux, c'est que les réfugiés s'installaient un peu partout en ville et dans les environs et qu'on les hébergeait comme s'il s'agissait de la chose la plus naturelle du monde. Ils arrivaient en général par le train de midi, ou alors en car, se rendaient directement au café en face de la gare, ou à l'hôtel, et demandaient où on pouvait les loger. Certains avaient déjà un parent ou un ami sur place qui s'était chargé d'avance de leur trouver une cachette. Ceux qui allaient simplement frapper à la première porte ne se voyaient jamais repousser. Personne ne se retrouvait à la rue. Chacun se voyait proposer un hébergement où il pouvait rester quelques jours, parfois plusieurs mois, dans l'attente d'un hypothétique passage en Suisse.

Un soir, Rudi m'accompagna. Il fallait cette fois se rendre dans une ferme assez éloignée et je ne connaissais pas le chemin.

« Comment se fait-il que tant de réfugiés arrivent ici ? » lui demandai-je.

Je venais de réaliser que je ne m'étais jamais posé la question.

« Je ne sais pas trop, répondit-il. L'été, Le Chambon est une station de vacances et j'imagine que certains y venaient avant la guerre. D'autres ont dû y atterrir par hasard. Plusieurs, comme nous, y ont été envoyés. Les quakers se donnent beaucoup de mal pour faire sortir des enfants des camps d'internement et, d'après ce que j'ai pu entendre, ce sont eux qui ont les premiers contacté le pasteur Trocmé.

— Est-ce vrai que le pasteur Trocmé et le pasteur Theis sont des pacifistes? Qu'ils pensent qu'il ne faut pas se battre?

— Oui! »

Et Rudi se mit à rire, avant de reprendre :

« Avant la guerre, ils ont eu des ennuis parce qu'ils prêchaient que la France ne devait pas se battre contre l'Allemagne. Maintenant ils en ont parce qu'ils disent que les Français ne doivent pas collaborer avec les Allemands.

— Sont-ils en danger? Les autorités de Vichy sont-elles au courant?

— Oh, sûrement. Mais, jusqu'à maintenant, elles les ont laissés tranquilles. Pour la plupart, les habitants d'ici sont des protestants, des huguenots. Autrefois, en tant que minorité, ils ont été très cruellement persécutés par les catholiques qui, eux, représentaient la majorité. Leurs lieux de culte étaient brûlés, on envoyait les hommes aux galères et les femmes en prison. Alors leurs descendants se souviennent.

— Tu veux dire en somme que c'est grâce aux catholiques que nous avons trouvé un abri au Chambon?

— Mais non, ce sont les protestants qui nous aident, je viens de te l'expliquer. Même s'il y a quelques catholiques aussi.

— Idiot, ce n'est pas ce que je veux dire!

— Hum... Je comprends. Tu penses que si les catholiques ne les avaient pas persécutés autrefois, les huguenots n'éprouveraient pas aujourd'hui la même sympathie pour ceux qu'on persécute et ne nous protégeraient pas comme ils le font ici?

— Peut-être. Mais je ne suis pas sûre que ce soit la seule raison. Tant de gens nous aident. Il doit y avoir autre chose.

— J'ai posé la question à plusieurs personnes, répondit Rudi après un instant de réflexion. Et tu sais ce qu'on me répond chaque fois? "Mais on vous aide parce qu'on ne peut pas ne pas le faire." Tu vois, cela ne leur viendrait pas à l'esprit de refuser. Il le faut, c'est tout. Ta petite idée est trop simpliste. Et en plus, elle a quelque chose de révoltant.

— Ah, vraiment ? Cela signifie pourtant que les huguenots ont tiré un enseignement de leurs souffrances passées, qui n'ont donc pas été vaines.

— Réfléchis un peu plus. Si tu penses cela, tu sous-entends que ces souffrances ont été d'une certaine manière bonnes pour eux. Auquel cas, celles des Juifs aujourd'hui seraient bénéfiques aussi.

— Pas du tout ! Tu déformes tous mes propos !

— Non. C'est la conclusion logique de ce que tu viens de dire. Comme si tu t'imaginais que tout cela fait partie d'un plan grandiose imaginé par Dieu. Moi, je trouve ça répugnant.

— Rudi, arrête ! Ce n'est pas du tout ce que je pense. Tu es bien obligé de reconnaître que, si les huguenots n'avaient tiré aucun enseignement de leurs souffrances, celles-ci n'auraient pas eu le moindre sens. »

Soudain, je repensai à quelque chose que le professeur Malkovitch nous avait appris :

« Mais c'est peut-être ainsi que Dieu a créé un monde parfait, en faisant de nous des individus capables d'apprendre. Il a voulu que nous tentions d'apprendre à devenir parfaits.

— D'accord et ça nous mène où ? Nulle part.

— Attends ! Si nous réussissions, si nous devenions réellement parfaits, cela nous servirait à quoi ? Nous n'aurions plus aucun but à atteindre, d'accord ? En tout cas, toi, tu n'as pas à t'en inquiéter ! »

Ce n'était peut-être pas le genre de remarque qui convenait à cet instant précis. Le temps était doux, ce soir-là, la neige avait fondu juste à point pour faire d'excellentes boules de neige. Rudi se baissa et sans se presser en confectionna une superbe. Puis il me demanda :

« Je n'ai pas à m'inquiéter, vraiment ? Je ne suis pas encore parfait ? Allons, dis-moi que je le suis. »

Dire à Rudi qu'il était parfait ? Ça, jamais !

« Non ! criai-je, en reculant un peu. Ne me vise pas ! Ne fais pas ça ! »

Pan ! Je reçus la boule de neige en pleine figure. Vite, je m'essuyai le visage, me baissai un instant et vlan ! ce fut au tour de Rudi d'en avoir une droit dans le cou, qui trempa le col de sa chemise et celui de sa veste. J'eus un petit rire de triomphe.

Mais son visage prit une expression qui ne

me plut pas. Je crus qu'il allait vite faire une autre boule, mais non, pas du tout, il se rua sur moi, m'attrapa par les jambes, me fit tomber et m'écrasa un gros paquet de neige sur la figure. Je me débattis, réussis à me dégager et bientôt nous roulions l'un sur l'autre, en criant, riant et essayant de nous tremper mutuellement. Après un moment, à bout de souffle l'un comme l'autre, il fallut bien nous arrêter. Rudi se redressa et me tendit la main pour m'aider à me relever. Je lui fis aussitôt un croche-pied et il retomba lourdement sur le dos.

« Alors, tu abandonnes ? lui demandai-je, les poings sur les hanches, le dominant de toute ma hauteur.

— Oui, oui, j'abandonne ! » répondit-il.

Puis brusquement il s'exclama, la voix pleine de panique :

« Les faux papiers ! »

Vite, il les sortit de sa poche. Ils étaient irrémédiablement mouillés. J'eus droit à un regard furieux :

« Attends ! m'écriai-je. C'est toi qui as commencé ! Pas moi ! »

Rudi marmonna quelque chose que je ne compris pas, heureusement, sans doute. Il fit aussitôt demi-tour en direction de notre maison où il fallut sécher les feuillets l'un après l'autre devant le feu. Après quoi je les repassai soigneusement. Quand ce fut fini, nous repartîmes, fatigués et furieux l'un contre l'autre, en direction de la ferme éloignée. Cette fois, au lieu de parler de Dieu, nous nous disputâmes tout le long du chemin pour finir par ne plus nous adresser la parole. Quel idiot, ce Rudi!

# 8

*Quand les malheurs arrivent,
ils ne viennent pas en éclaireurs solitaires
mais en bataillon.*

Shakespeare, *Hamlet*.

Le printemps vint, l'été arriva et, au mois d'août, cela fit un an que nous étions au Chambon-sur-Lignon. C'est drôle comme le temps avait passé vite. En mai j'avais été admise au collège Cévenol. Et la nuit, bien sûr, je continuais à livrer des faux papiers. Je lisais aussi énormément en dehors des heures de classe. On nous donnait beaucoup de lectures et de devoirs à faire à la maison. Ce que je n'aimais pas, c'était les maths. Je n'y comprenais rien. Par contre, Rudi raflait toutes les meilleures notes. Il m'aidait à résoudre mes problèmes quand nous rentrions de nos virées nocturnes, mais il s'énervait dès que j'avais trop de mal à suivre ses explications. Pour me venger, je le mettais au défi de me réciter les passages de Molière que nous devions apprendre par cœur et il n'y arrivait pas. Ah, nous aimions bien nous agacer mutuellement.

Je réussis à monter une petite troupe de théâtre qui donnait un spectacle une fois par mois. Chacun était prié de se produire à tour de rôle. Moi je chantais, ou alors je dansais. Parfois je jouais une scène d'une pièce avec des enfants du village — qui adoraient nos répétitions. Nous nous amusions beaucoup et tant pis si Rudi ne se privait pas de se moquer de moi.

Maman et tante Mina m'écrivaient très souvent. Elles me répétaient que tout allait bien mais, en juillet, Klara avait reçu une lettre de sa mère disant que maman, en réalité, s'affaiblissait beaucoup et, à peu près en même temps, une lettre de maman m'apprit que le père de Klara était très malade.

Cela nous inquiéta terriblement et, à la première occasion, j'allai voir Mme Lévy qui revenait souvent au Chambon, toujours pour accompagner un groupe d'enfants. Je lui demandai de m'obtenir une autorisation de rendre visite à ma mère à Gurs. Pourquoi pas? Je vivais tout à fait légalement dans une maison de la Croix-Rouge. Je n'avais même pas besoin de faux papiers pour circuler. Donc je pouvais sûrement aller là-bas.

Autour de moi, tout le monde était convaincu que je n'y arriverais pas mais la Croix-Rouge suisse, je ne sais trop comment, fit les démarches nécessaires et j'appris que je pouvais partir. C'est Paul qui vint me dire que je prendrai le train dès le lendemain. Comme personne n'avait pensé que ma demande aboutirait, je crois qu'il y eut pas mal de jalousie et de regrets chez les autres. Mais je leur assurai que, dès mon retour, ils seraient autorisés à faire la même visite l'un après l'autre.

Je dus aller prendre un bain dans la rivière parce que la pompe ne marchait plus chez nous. Je dois dire que ce fut merveilleux de se tremper dans cette eau fraîche et pure et de mettre des vêtements minutieusement lavés et repassés pour la circonstance. Chacun me confia des lettres à emporter. Rudi avait réussi à dénicher six boîtes de sardines que j'emballai soigneusement. Comme Paul n'avait pas le temps de m'accompagner, j'allais devoir voyager seule. Mais à bientôt quinze ans, je m'en sentais parfaitement capable.

« Tu feras attention de ne pas dépasser la station où tu dois descendre chaque fois qu'il faudra que tu changes de train, n'est-ce pas? me répétait Klara.

— Mais oui, ne t'inquiète pas.

— Tu sais à quel point tu peux être distraite.

— Je te répète de ne pas t'inquiéter!

— Ne te fais pas trop remarquer, Jolies Jambes, me dit Rudi. Pas de chansons, pas de blagues, pas de spectacle improvisé dans le train.

— Oh, arrêtez, vous deux, je saurai me tenir! »

Je refis en sens inverse exactement le même voyage qu'à l'aller et arrivai à Gurs à la tombée de la nuit. Mais les gardes refusèrent de me laisser entrer sous prétexte qu'à cette heure-là, le camp venait de fermer. J'étais si déçue que j'en aurais pleuré. Mais je me contins. J'attendis le passage du dernier car pour aller jusqu'à la petite ville de Gurs, tout près du camp. Là, j'entrai dans la première auberge que je vis et demandai à la patronne, une dame aux cheveux blancs, si je pouvais passer la nuit là. Elle me dit que oui, à condition que je l'aide à servir le dîner du soir. Il n'y avait pas l'eau courante et il fallait aller en chercher à la pompe plus loin dans la rue, ce que j'acceptai aussitôt de faire. Je dus aussi donner le peu d'argent que j'avais, mais au moins je disposai d'un lit. Épuisée, je m'endormis la tête sur l'oreiller. Je me réveillai à l'aube et repris un car en sens inverse jusqu'au camp. À nouveau, on me refusa le droit d'entrer. Comme il faisait maintenant grand jour, je marchai le long des barbelés jusqu'à ce qu'une femme à l'intérieur finisse par me voir. Je lui criai :

« Essayez de trouver Sarah Hirsch ! C'est ma mère ! Je suis venue lui rendre visite mais on ne me laisse pas passer !

— Oui, oui ! » répondit-elle aussitôt.

Et je l'entendis appeler autour d'elle :

« La fille de Sarah Hirsch est ici ! Qu'on aille la chercher ! Vite ! Sa fille est ici ! »

J'attendis près d'une demi-heure et vis finalement ma mère arriver. Elle marchait lentement. Ses beaux cheveux noirs étaient devenus tout gris, ce qui fait qu'au début, je ne la reconnus pas. Elle avait énormément maigri. L'émotion m'étreignit au point que je n'arrivais plus à parler. Finalement j'articulai :
« Maman !
— Anni ! Tu es si belle ! Une vraie jeune fille ! »

Puis elle éclata en sanglots.

« Maman ! Non ! Ne pleure pas ! Pourquoi ne me laisse-t-on pas entrer ? Que se passe-t-il ? »

Elle s'approcha tout contre les barbelés. J'en fis autant, mais nous ne pouvions pas nous toucher car il y en avait une double épaisseur. Au moins, nous n'avions plus besoin de crier pour nous parler.

« Je suis à peu près sûre qu'on va nous déporter à l'est très bientôt, dit maman. En Pologne peut-être.

— Non ! Ce n'est pas possible ! Les Français ne laisseraient pas faire ça ! Mais pourquoi ?

— Pourquoi, je ne sais pas. Je suppose qu'ils ont envie de faire plaisir à Hitler, et lui livrer des Juifs est un excellent moyen d'y parvenir. »

J'eus le sentiment de perdre la raison. Mes jambes cédaient presque sous moi et je faillis tomber.

« Anni, reprit maman, promets-moi que, pour toi, tout ira bien. Ne te laisse pas détruire. Souviens-toi : eux ne peuvent pas te détruire, cela ne dépend que de toi de leur résister. »

Je n'était pas sûre de saisir ce qu'elle voulait dire. N'étions-nous pas déjà vaincus ? Mais au ton de sa voix, je compris que pour elle au moins, je devais donner le sentiment d'être forte. Il ne fallait pas qu'elle ait aussi à s'inquiéter pour moi. Je me redressai, ravalai mes larmes et attendis un instant de pouvoir parler normalement :

« Je te le promets, maman. »

Tante Mina arriva en courant, suivie de Mme Engel.

« Anni, Anni ! criaient-elles. Comment vas-tu ? Comment vont les autres ? Klara ? Rudi ? Comment les choses se passent-elles au Chambon ? »

J'essayais de répondre à toutes les questions et restais près de deux heures contre les barbelés. Finalement, voyant que maman était trop fatiguée pour demeurer debout plus longtemps, je lui lançai les boîtes de sardines et un paquet de lettres. Puis je promis de revenir le lendemain, à la même heure, au même endroit. Maman s'éloigna lentement, en compagnie de Mme Engel. Je fis signe à tante Mina de rester encore un peu. Elle s'approcha.

« Maman n'a pas l'air bien du tout, dis-je, que se passe-t-il?

— Elle a des furoncles partout, ma chérie. Surtout sur le dos. Il a fallu en ouvrir plusieurs au bistouri et elle a terriblement souffert. Ah, nous aurions dû nous enfuir quand c'était encore possible! Pourquoi ne l'avons-nous pas fait? »

Sa voix se brisa.

« Parce que ni elle ni toi ne vouliez abandonner les autres, dis-je.

— Oui, bien sûr. Que Dieu soit loué de t'avoir permis de venir aujourd'hui, Anni. Que Dieu soit loué! »

Je n'étais pas du tout sûre d'avoir envie de louer Dieu, mais je ne dis rien et retournai au village.

Le lendemain, je revins. On ne me laissa pas davantage entrer, ni aucun des jours suivants. J'étais arrivée le 2 août. Le 5, maman m'apprit que les habitants du camp seraient conduits à la gare le lendemain matin. Je lui demandai d'aller chercher Mme Lévy, qui arriva sans tarder. Je la suppliai de m'obtenir l'autorisation de me rendre à la gare. Dans la soirée, un message parvint à l'auberge : je devais être à Oloron-Sainte-Marie de très bonne heure. C'est de là que partirait le train. Aussitôt, j'échangeai mes derniers tickets d'alimentation contre du pain, dis au revoir à l'aubergiste et pris un car pour Oloron. Comme je n'avais plus d'argent du tout, je décidai de dormir au pied d'un arbre, dans une rue proche de la gare.

Au petit matin, je m'éveillai et vis deux gendarmes penchés sur moi.

« Hé, qu'est-ce que tu fabriques là ? me demanda l'un d'eux, en m'administrant un bon coup de pied dans les jambes.

— J'attends l'heure de mon train, répondis-je, sentant la sueur se mettre à ruisseler dans mon dos.

— Oh, vraiment ? L'heure de ton train ? Rien d'autre ? Dis donc, montre un peu ta figure, qu'on puisse voir si tu es jolie, hein ? »

Je grimaçai, pour paraître la plus laide possible.

« Hum… Qu'est-ce qu'on en fait? demanda l'autre. On s'amuse un peu avec? »

Il était gros, gras. De toute évidence, il ne manquait pas de nourriture. L'autre non plus, d'ailleurs. Lentement, je tendis la main pour attraper mon sac et, tandis qu'ils discutaient de mon sort entre eux, je me mis à ramper de côté. Puis brusquement je me redressai et commençai à courir. Ils étaient trop massifs pour aller aussi vite que moi. J'entendis que l'un s'exclamait :

« Oh, et puis, elle était trop laide, après tout! »

Sans demander mon reste, je filai jusqu'à la gare. Et là, je vis avec horreur que des trains étaient déjà là et qu'on faisait monter des gens dans des wagons à bestiaux. Un instant, je crus que j'allais me mettre à vomir mais j'avais l'estomac trop vide pour cela. Un gendarme s'approcha à grands pas.

« Ça ne va pas, jeune fille? »

Il m'appelait « jeune fille »… Surprise, je levai la tête.

« Si, si, ça va. Enfin… Je suis bouleversée par ce que je vois. J'ai la permission de venir dire au revoir à ma mère. Mais je ne sais pas comment la trouver.

— Elle était dans quelle baraque?

— La baraque M.

— Bon, ne bougez pas. Je vais me renseigner. Je reviens tout de suite. »

Avec un petit sourire d'encouragement, il s'éloigna. Dix minutes après, il arriva en courant.

« Vite, suivez-moi.

— Oh merci! m'exclamai-je, merci beaucoup.

— Vous savez, poursuivit-il, tandis que nous marchions d'un bon pas, j'ai honte aujourd'hui d'être Français. Je voudrais n'avoir jamais vu ce que je vois ce matin. Tenez, voici le wagon où se trouve votre mère. Je vais vous aider à monter. »

Il me souleva à deux bras et maman m'aperçut tout de suite. Elle se précipita vers moi et nous restâmes un long moment serrées l'une contre l'autre. Tante Mina nous rejoignit et nous étreignit toutes les deux. Au bout de plusieurs minutes, je me dégageai doucement et pris dans mon sac le pain acheté la veille. Elles voulurent naturellement le partager avec les autres prisonniers, si bien qu'il ne leur resta chacune que deux ou trois bouchées.

« Tu n'aurais pas une histoire drôle à nous raconter ? demanda tante Mina.

— Oh si ! Tiens, celle de Moses Montefiore, le grand philanthrope juif du siècle dernier, qui assiste à un grand dîner. À côté de lui vient s'asseoir un antisémite forcené. "Je rentre d'un voyage au Japon, dit ce dernier, et j'ai constaté que ce n'était pas un pays comme les autres. Là-bas, il n'y a ni cochons ni Juifs. — En ce cas, rétorque Montefiore, nous devrions y aller tous les deux. Ainsi les Japonais auraient un exemplaire de chaque." »

Tante Mina se mit à rire et me fit signe de continuer parce que tout le monde s'était tu et m'écoutait. Je repris donc :

« Un rabbin a une crise cardiaque et doit rester à l'hôpital plusieurs semaines. Le président de la synagogue vient lui rendre visite et lui dit : "On a voté hier soir une résolution pour vous souhaiter un prompt rétablissement et c'est passé à douze voix contre neuf." Encore ?

— Oui ! crièrent plusieurs voix.

— Deux Juifs chantent les louanges de leur rabbin respectif. "Le mien, dit le premier, est un tel génie qu'il peut parler pendant une heure sur n'importe quel sujet. — Le mien, dit le second, est plus intelligent encore. Il peut ne parler de rien du tout pendant deux heures!" »

Maman attendit un instant que les rires cessent, puis d'une voix douce m'ordonna :

« Chante-nous quelque chose, Anni. »

Je la regardai, toute surprise. Elle ne m'avait jamais demandé de chanter, auparavant. Jamais.

Je choisis une prière en hébreu qui implorait Dieu d'accorder la paix au monde, ainsi que la pitié, la compassion, la vie et l'amour. Quand je me tus, on aurait entendu une mouche voler.

« Merci, dit simplement maman.

— Sais-tu où est Mme Engel? la questionnai-je.

— Elle a réussi à être dans le même wagon que M. Engel, celui d'après le nôtre.

— Bon, je vais aller la voir une minute et je reviens. »

Je sautai sur le quai et courus à la recherche des Engel, qui furent très heureux de me voir et me chargèrent de toutes sortes de messages pour leurs enfants. Puis je revins vers le wagon de maman. Un gendarme m'arrêta aussitôt :

« Et où croyez-vous aller, hein?

— Mais j'ai une autorisation! Je vais voir ma mère.

— Ça me paraît bizarre, cette histoire! »

Il m'attrapa par le col de ma blouse et m'entraîna jusqu'à son supérieur qui se trouvait un peu plus loin, au bord des rails. Ce dernier regarda mes papiers, eut l'air de réfléchir, puis me dit :

« Bon, ça va. Mais vous ne quittez plus le wagon de votre mère. »

Je fis oui de la tête. Je sentais ma bouche se dessécher complètement. Car je comprenais soudain à quel point cela serait facile pour eux de me jeter au milieu des autres et de refermer les portes. Qui les en empêcherait? Je décidai donc de rester sur le quai et expliquai rapidement à maman ce qui venait de se passer.

« Anna, me dit-elle, nous ne nous reverrons plus jamais. »

Elle m'avait appelée par mon vrai prénom, cette fois, et plus par mon surnom de bébé.

« Maman!

— Chérie, c'est vrai. Tu sais à quel point Hitler hait les Juifs. Pourquoi voudrait-il nous faire revenir en Allemagne? On nous raconte qu'on va tous nous regrouper à l'est, mais ce n'est qu'un mensonge. »

Maman avait toujours eu une vision très réaliste des choses.

« Alors il faut que tu me promettes.

— Quoi?

— Que tu resteras à l'abri au Chambon et que, quand tout cela aura pris fin, tu iras rejoindre Ilse et Max, pour reformer une famille en Amérique. Promets-moi.

— Je te promets. »

J'essayais de ne pas pleurer, mais je sentais les larmes ruisseler sur mes joues.

« Peut-être que cela ne finira pas. Peut-être qu'Hitler va gagner.

— Non, non. Les Américains viendront. Tu verras. »

Et puis il y eut une série d'horribles bruits tandis que les gendarmes français couraient d'un wagon à l'autre en refermant violemment les portes. Les prisonniers étaient maintenant parqués comme des animaux. Des bêtes.

« Maman! Tante Mina! » criai-je, mais ma voix se perdit au milieu des gémissements qui s'élevaient du train.

Le gendarme qui m'avait aidée vint vers moi et doucement m'éloigna du bord du quai.

Il me conduisit de l'autre côté de la gare et me confia à une dame qui devait prendre le même train de passagers que moi. Celle-ci me trouva une place et me demanda :

« Ça ira ? »

Comment cela pourrait-il aller, eus-je envie de lui hurler, quand on vient de voir les siens partir pour la mort ? Mais je lui fis simplement signe que oui. Elle me tapota la main, puis partit s'asseoir de son côté.

# 9

*Car de quoi vit l'homme ?*
*De sans cesse oublier*
*qu'en fin de compte,*
*il est un homme.*

Bertolt Brecht, *L'Opéra de quat'sous.*

Pendant le trajet du retour, je ne pus penser qu'à une seule chose : j'allais devoir annoncer à tous ceux qui avaient de la famille à Gurs que leurs parents venaient d'être déportés. Ou, comme disaient les Français, « rapatriés à l'est ».

Je me souviens à peine de ce qui se passa pendant le voyage, j'étais comme en transe tout le temps. Je sais simplement que j'arrivai au Chambon par le train d'une heure de l'après-midi, rempli de réfugiés comme d'habitude. Je me hâtai de traverser le village et de grimper la côte jusqu'à notre maison. Il n'y avait personne. Comme les vacances s'étaient terminées très tôt, tout le monde devait être à l'école ou au collège. J'allai me laver à la rivière, trouvai quelques vêtements propres à enfiler et m'installai à la cuisine pour attendre l'arrivée des autres.

Ils surgirent tous ensemble, gais et bavards comme à l'accoutumée, et s'exclamèrent en me voyant. Ils me sautèrent au cou, m'embrassèrent et me bombardèrent de questions. Rudi n'était pas là. Il devait être parti se livrer à ses petits travaux habituels. Au bout de quelques instants, je levai la main pour demander un peu de silence.

« Arrêtez! Arrêtez! J'ai quelque chose à vous dire. J'ai vu vos parents. Ils allaient bien, mais… »

Ma voix se brisa et je dus me taire quelques secondes avant de pouvoir reprendre :

« Ils ont été déportés. À l'est. »

Un silence de mort suivit.

« Tous ? finit par chuchoter Klara.

— Oui. Tous. »

Un par un, garçons et filles sortirent de la pièce. Certains montèrent dans leur chambre. D'autres se réfugièrent dans les bois pour pouvoir pleurer en paix.

Le soir, après le dîner que personne ne put manger malgré les encouragements de Paul, Rudi apparut.

« Jolies Jambes, il faut que tu ailles voir le pasteur Trocmé, me dit-il.

— Tout de suite ?

— Oui, il t'attend. Il veut que tu lui fasses ton rapport sur ce que tu as vu là-bas.

— Rudi, il faut que tu saches...

— Je sais, me coupa-t-il brusquement. Klara m'a tout raconté. Allez, va. »

Il ne me serait pas venu à l'esprit de me rendre au presbytère. Mais je compris qu'il fallait que je parle des déportations, qu'on avait besoin de mon témoignage. Avant, toutefois, je devais absolument écrire à ma sœur et à mon frère. Ilse ne m'avait envoyé qu'une seule lettre au Chambon. Ça ne semblait pas aller très bien pour elle, en Angleterre. Max se manifestait plus souvent. Je recevais de lui des cartes très brèves où il indiquait seulement qu'il se portait bien. Comment leur dire la vérité à tous les deux sans que ça fasse trop mal? Je serrai les dents et pris ma plume. Après quoi, je descendis chez les Trocmé, leur racontai ce que j'avais vu et leur demandai de poster mes deux lettres.

Puis je courus retrouver Rudi à la ferme habituelle. Il me donna deux fausses cartes d'identité, une pour une adulte, une pour une enfant, et m'indiqua où je devais les porter aussitôt. La nuit était très fraîche et je courus tout le long du chemin pour me réchauffer. Quand j'arrivai, le vieux fermier, sans un mot, m'ouvrit la porte et me fit entrer dans la cuisine, où une jeune femme d'une trentaine d'années était assise à la table, en compagnie d'une petite fille de huit ans à peu près. Quand je lui tendis les faux papiers, elle éclata en sanglots.

« Ne pleure pas, maman, dit la fillette. Maintenant, nous sommes en sécurité.

— Vous êtes française? me demanda la jeune femme en m'étreignant les deux mains.

— Non, madame. Je viens de Manheim.

— Ne vous laissez pas prendre, gémit-elle. Ne vous laissez pas prendre!

— Je vous en prie, ne vous inquiétez pas pour moi. Je ne me laisserai pas prendre, par personne. »

Je jetai un regard interrogatif au fermier, mais il se contenta de hausser les épaules, l'air de dire qu'il n'en savait rien. Je pensai à Oma, à la façon dont elle s'était comportée dans le train et je me rappelai à quel point c'était facile de perdre la raison.

« D'où venez-vous, madame ? » demandai-je.

Si j'arrivais à la faire parler un peu, peut-être se calmerait-elle.

« Vous savez sans doute qu'on a demandé à tous les Juifs d'aller se faire enregistrer à la police. Pourquoi, mais pourquoi l'avons-nous fait ? Nous n'étions pas obligés. Notre nom est Langlois, nous aurions pu facilement passer pour des Français. Mes parents sont venus de Pologne il y a très longtemps, mes enfants sont nés ici et naturalisés français. Mais nous avons voulu faire les fiers. Ne pas essayer de cacher que nous étions juifs. Et nous étions si sûrs que les Français nous protégeraient. Ils l'avaient promis, n'est-ce pas ?

— Oui, dis-je. Bien sûr.

— Jeudi matin, j'ai été réveillée par un cri

épouvantable. J'ai couru à la fenêtre. Et si vous saviez ce que j'ai vu ! »

Elle se remit à sangloter bruyamment. Sa fille, si jolie avec ses grands yeux noisette et ses longs cheveux noirs, continua à sa place :

« Moi aussi, j'ai vu, dit-elle d'un ton solennel. Mme Horowitz avait jeté ses deux enfants par la fenêtre. Puis elle a sauté à son tour. Ils sont tous morts. »

J'essayai de ne pas montrer mon émotion.

« Mais pourquoi ? demandai-je.

— La police était venue nous chercher, reprit la jeune femme. Il s'agissait d'une rafle. Nous avions bien entendu courir des bruits, mais personne n'y croyait vraiment. J'ai été trop bête. Nous aurions dû nous enfuir plus tôt. Courir.

— C'est ce que nous avons fait, maman.

— Oui, mais trop tard. J'ai pris Suzette et mon mari a pris Jean. Nous avons couru aussi vite que nous le pouvions. La police s'est lancée à notre poursuite. La police française. Elle aurait dû nous laisser nous échapper.

— On nous a arrêtés, dit la petite fille, et conduits à mon école où d'autres Juifs attendaient déjà. Après, on nous a fait monter dans des autobus.

— On nous a emmenés au vélodrome d'Hiver, rue Nélaton, ajouta sa mère. Nous étions des milliers, plus de huit mille m'a dit un garde. Et nous sommes restés là cinq jours! L'eau avait été coupée. Les toilettes ne fonctionnaient plus et nous n'avions rien à boire. Rien à manger non plus, jusqu'à ce que les quakers et la Croix-Rouge tentent de nous aider. Il n'y avait pas de lits, seulement des bancs. Des bébés sont nés et on ne les a pas emmenés à l'hôpital, pas plus que les mamans. Non, ils sont restés là, par terre, dans la saleté. Des gens avaient la dysenterie. Et il fallait faire ses besoins devant tout le monde. Les toilettes s'étaient bouchées dès le début, mais on ne pouvait de toute façon plus y aller car les gardes craignaient que certains s'évadent par les fenêtres. Vous ne pouvez pas imaginer la puanteur qui régnait… »

Elle se remit à pleurer, la tête entre les mains.

« On vous a traités encore plus mal que si vous aviez été des animaux, dis-je.

— Oui, c'est vrai. On a le droit de laisser ses chiens ou ses chats à la maison, mais pas ses enfants. Des gens ont essayé de se suicider, d'autres sont devenus fous. J'ai vu une mère essayer d'ouvrir les veines du poignet de sa fille avec un bout de verre. »

Elle s'arrêta pour reprendre son souffle.

« Mais je n'aurais jamais permis qu'on touche à ma Suzette. N'est-ce pas, ma chérie ?

— Non, maman, bien sûr que non !

— J'ai cherché mon mari et mon fils partout, sans réussir à les retrouver. Je savais qu'il fallait absolument essayer de sortir de là. On nous avait fait savoir que les enfants au-dessous de seize ans ne seraient pas arrêtés, à condition qu'un grand-père ou une grand-mère de plus de soixante-cinq ans puissent s'en charger. Or mes parents sont morts. C'est pour cela que Jean et Suzette ont été emmenés avec nous. Nos voisins avaient bien proposé de les prendre, mais les policiers ont refusé. J'ai dit à Suzette de partir, de sortir du vélodrome d'Hiver, et de raconter, si on lui demandait quelque chose, qu'elle était simplement venue me rendre visite.

— C'est ce que j'ai fait, poursuivit celle-ci. Et un garde m'a laissée franchir la porte. Maman a voulu me suivre, mais il l'en a empêchée.

— Jusqu'au moment où il a tourné la tête, dit sa mère. Alors j'ai couru, couru avec ma fille. Je savais que des Juifs s'étaient réfugiés en Haute-Loire. C'est pour cela que nous sommes venues ici. Il nous a fallu six semaines. Des amis nous ont cachées en route.

— Vous avez été très brave », dis-je.

Suzette grimpa sur les genoux de sa maman et la serra dans ses bras.

« Tu es formidable, lui chuchota-t-elle.

— Oui, approuvai-je. Elle l'est.

— Vous devez vous préparer au pire, soupira la jeune femme. Les Français sont maintenant complètement inféodés aux nazis.

— Pas ici, pas au Chambon, observai-je.

— Non, c'est vrai, pas ici.

— Donc tout ira bien pour vous. Quand comptez-vous repartir ?

— Demain, à la première heure, puisque nous avons nos papiers. »

Je m'approchai pour l'embrasser sur les deux joues.

« Je vous souhaite bonne chance », dis-je.

Elle me regarda alors bien en face, pour la première fois.

« Merci, merci. Je me sens un peu mieux.

— Parfait. Et toi, Suzette, ajoutai-je en me tournant vers la petite fille, tu as été très courageuse. Je suis sûre que tu prendras bien soin de ta mère. »

Elle me fit signe que oui de la tête, l'air soudain très adulte.

Exactement une semaine plus tard, Le Chambon reçut pour la première fois la visite de plusieurs personnages importants du gouvernement de Vichy, en particulier le secrétaire d'État à la Jeunesse, Georges Lamirand, ainsi que le préfet, M. Bach, qui avait en charge toute la région. De Vichy était arrivé récemment l'ordre de copier dans les écoles ce qui se faisait dans celles de l'Allemagne hitlérienne, par exemple le salut au drapeau le matin. Au collège Cévenol, tout le monde refusa. Il fallait aussi créer des camps pour les jeunes, inspirés de ceux des Jeunesses hitlériennes. Je trouvais cela dégoûtant. Vouloir imiter les nazis! Mes amis étaient furieux de cette visite. Au collège, nous venions d'horizons très divers : il y avait des garçons ayant refusé de participer à ces fameux camps. Des jeunes voulant échapper au travail obligatoire. Des réfugiés juifs. Et tout simplement des enfants du Chambon dont c'était l'école en temps normal. Nous étions tous d'accord pour trouver épouvantables les rafles qui se produisaient à Paris, au point que les étudiants plus âgés, ceux qui se spécialisaient en théologie, décidèrent de rédiger ensemble une lettre à remettre au ministre. Nous n'étions pas présents ce jour-là, mais Robert, un des étudiants, nous raconta dans la soirée comment les choses s'étaient passées :

« Il y a d'abord eu un déjeuner et une des filles qui servaient à table — une guide — a renversé de la soupe chaude sur la veste du ministre. Après, les officiels ont remonté la rue principale à pied mais elle était absolument vide, les gens se calfeutraient chez eux. Sur le terrain de sport, M. Poiter, un de nos professeurs, a fait un discours dans lequel il a cité saint Paul et développé l'idée : "Tu aimeras ton prochain comme toi-même". Je suis sûr que Lamirand n'a pas saisi l'allusion. Là-dessus, je me suis approché et lui ai lu la lettre suivante :

*Monsieur le ministre,*
*Nous avons été informés des scènes effrayantes qui se sont produites à Paris il y a trois semaines, quand la police française, aux*

*ordres des forces d'occupation, a arrêté à leur domicile des familles juives pour les enfermer au Vél'd'Hiv. Des pères ont été arrachés à leurs enfants et envoyés en Allemagne. Des enfants ont été arrachés à leurs mères qui ont subi le même sort que leurs maris. Sachant par expérience que les décrets des forces d'occupation sont souvent appliqués à bref délai en zone non occupée, nous craignons que les mesures visant à déporter les Juifs aient bientôt cours en zone sud.*

*Nous nous sentons obligés de vous prévenir qu'il y a parmi nous un certain nombre de Juifs. Mais nous ne faisons aucune distinction entre Juif et non-Juif. Cela serait contraire à l'enseignement des évangiles.*

*Si nos camarades, dont la seule faute est d'être nés dans une autre religion, recevaient l'ordre de se livrer pour être déportés, ou simplement pour être interrogés, ils n'y obéiraient pas et nous ferions tout ce qui est en notre pouvoir pour les aider à se cacher.* »

Le ministre a répondu d'une voix glaciale : « Ce n'est pas mon affaire. C'est celle du préfet. »

Le préfet, lui, avait l'air furieux. Il s'est tourné vers le pasteur Trocmé et lui a dit :

« Le gouvernement sait ce qu'il fait. Il a ordonné le regroupement de tous les Juifs étrangers afin de les envoyer en Pologne. Dans quelques jours, mes hommes viendront chercher les Juifs qui vivent au Chambon. »

Le pasteur a répliqué :

« Nous ne savons pas ce qu'est un Juif. Nous ne connaissons que des hommes. »

Le préfet l'a foudroyé du regard.

« Si vous n'êtes pas plus coopératif, c'est vous que je serai obligé de faire arrêter. »

Nous étions tous assis autour de Robert et quand il se tut, personne ne dit rien. Nous avions peur. Après tout, le pasteur Trocmé était le roc sur lequel tout le monde s'appuyait au Chambon. Je ne le voyais pas souvent mais je savais qu'il s'occupait de beaucoup de choses. Que se passerait-il si la police l'emmenait ? Je m'inquiétais pour lui. Pour nous aussi, bien sûr. Étions-nous encore à l'abri ? Après les déportations de Paris et de Gurs, combien de temps allait-on nous laisser rester au Chambon ?

# 10

*Il en est qui naissent grands,
d'autres qui conquièrent les grandeurs et
d'autres à qui elles s'imposent.*

Shakespeare, *La Nuit des rois.*

Comme je le redoutais, les gendarmes ont fait irruption un jour pour nous arrêter. C'est pourquoi nous nous sommes enfuies, Klara et moi.

Voilà comment c'est arrivé. Paul avait dû brusquement s'absenter. Son père étant tombé malade, il fallait qu'il aille le voir. En partant, il m'avait confié la maison.

Cette nuit-là, je ne suis pas sortie avec Rudi, comme d'habitude. Il est rentré tôt avec des nouvelles inquiétantes. Mme Philip, un des chefs de la Résistance au Chambon, venait d'apprendre d'un de ses agents à Saint-Étienne qu'une rafle se préparait. J'ai alors décidé que nous ne devions pas rester dans notre ferme isolée et demandé à tout le monde de s'habiller, puis de descendre jusqu'au poste de la Croix-Rouge, en bas de la colline. Le responsable s'appelait Denis, il était à peine plus âgé que Rudi. Je me suis dit que la police ne viendrait peut-être pas là. C'était chez nous qu'il y avait le plus de Juifs, donc les policiers commenceraient sûrement par notre maison. Il a fallu dormir par terre, mais tant pis. Denis était heureux de nous accueillir.

Très tard, vers environ deux heures du matin, un grand coup frappé à la porte nous a tirés de notre sommeil. D'abord, personne n'a osé bouger ni dire un mot. Denis est allé ouvrir. Les gendarmes ont demandé que les Juifs qui se trouvaient là se fassent connaître et les suivent. Et alors, il s'est passé quelque chose d'incroyable. Denis leur a dit non! Tout simplement.

« Chaque enfant qui se trouve ici est sous la protection de la Croix-Rouge suisse, a-t-il déclaré. Vous n'avez aucun pouvoir légal chez nous. Allez-vous-en. Vous voulez créer un incident diplomatique ? C'est votre problème. Mais ça vaudrait mieux pour vous de repartir immédiatement. »

Bien sûr, ils ont essayé de discuter. Et Denis, un gamin moitié plus jeune qu'eux, leur a tenu tête. Il parlait de façon si convaincante que les gendarmes ont fini par dire qu'ils allaient en référer à leur hiérarchie au Puy.

« Mais attention, a menacé l'un d'entre eux, quand nous reviendrons, tous les gosses doivent être encore là. »

Et ils sont partis, aussi surprenant que cela puisse paraître. Pourquoi il n'en est pas resté au moins un pour nous surveiller, je ne le saurai jamais. Peut-être qu'ils commençaient à se douter que, s'ils voulaient nous emmener, les habitants du Chambon ne se montreraient pas très coopératifs à leur égard.

« Bien, a aussitôt ordonné Denis, maintenant vous allez tous vous cacher dans les bois. Allez, filez. N'ayez pas peur. On viendra bientôt vous chercher pour vous conduire en lieu sûr. Allez, vite ! »

Nous sommes sortis de la maison en hâte. Klara tenait Rudi par la main et moi, je ne les quittais pas d'une semelle, tandis que les autres s'éparpillaient dans plusieurs directions. Une fois loin au cœur des arbres et des fourrés, Rudi s'est arrêté et a déclaré :

« Bon, on l'a échappé belle. Maintenant, écoutez-moi bien, vous deux. Ici vous êtes en sécurité. Moi, je m'en vais.

— Tu t'en vas ? s'exclama Klara. Mais pour aller où ? Tu ne peux pas nous laisser comme ça !

— Il faut que j'aille voir Mme Philip, dit Rudi. Maintenant, tout le monde va avoir besoin de faux papiers, vous deux, par exemple. Et ça signifie que j'ai du pain sur la planche… »

Klara l'a attrapé par le bras.

« Non, Rudi, ne nous abandonne pas ! »

Il s'est dégagé doucement et a mis une main de sa sœur dans une des miennes.

« Jolies Jambes, tu me promets de veiller sur la petite ?

— Évidemment ! » me suis-je exclamée, tout en essayant de ne pas montrer à quel point cela me flattait qu'il me considère comme plus mûre et plus responsable que sa sœur.

« Mais à une condition, ai-je vite ajouté, c'est que tu arrêtes de m'appeler Jolies Jambes.

— Bon, d'accord, je veux bien essayer. Anni, ça te va?

— Non! Pas Anni! Anna!

— Désolé, pour moi ce sera Anni, Jolies euh... pardon. Anni. Je ne peux pas faire mieux. Ne vous inquiétez pas, les filles, je saurai vous retrouver. »

Et il est parti.

Après quelques instants de silence, Klara a murmuré :

« Peut-être qu'on devrait se rendre. Se livrer à la police. C'est trop dur de se cacher tout le temps.

— Et alors, qu'est-ce que tu crois qu'il se passerait ensuite? Tu t'imagines que les Français prendraient bien soin de nous? Tu n'as pas pensé une seconde qu'ils nous livreraient immédiatement aux nazis?

— Je sais, je sais, tu as raison. Mais parfois, je me demande si tout ceci a un sens.

— Qu'est-ce que tu essaies de me dire? »

Mais je ne le savais que trop bien. Peut-être que la vie, notre vie, n'avait plus aucun sens. Quelles perspectives s'offraient à nous?

Avoir des enfants un jour et les voir massacrés? Ou imaginer qu'ils verraient leurs parents se faire tuer?

C'était trop horrible d'imaginer des choses pareilles et à ce genre de questions, je n'avais pas de réponse. Si Klara avait raison? Plutôt que d'affronter un monde aussi affreux, ne valait-il pas mieux mourir? Et tout abandonner aux mains de Hitler et des siens. Laisser le mal prendre possession du monde. Pourquoi pas? D'ailleurs, c'était déjà presque fait.

Je n'ai pas essayé de poursuivre le dialogue et me suis contentée de serrer fort la main de Klara. Nous sommes allées nous asseoir le dos contre un arbre et avons fini par nous endormir. Quand les premiers rayons du soleil nous ont réveillées, nous avons réalisé à quel point nous avions faim mais, évidemment, il n'y avait rien à manger, à part des mûres et quelques framboises sauvages. Nous avons bavardé de choses et d'autres toute la journée et c'est vers le soir que nous avons entendu quelqu'un siffler. Un ami ou un ennemi? Impossible de le savoir. Était-ce un habitant du Chambon ou un gendarme?

« Il faut nous enfuir, a chuchoté Klara.

— Non, pas encore, ai-je répondu tout bas.

C'est peut-être quelqu'un qui vient à notre secours.

— Comment le deviner?

— Reste là, je vais aller voir si je peux repérer qui c'est. »

Klara s'est accroupie derrière un buisson. J'ai rampé tout doucement sur le sol tapissé d'aiguilles de pin et de petites fleurs. Ça sentait bon. Quand des branches ont craqué sous mon poids, j'ai juré tout bas. Et puis je l'ai vu. Maurice! C'était Maurice, que nous connaissions tous et qui dirigeait une troupe de boy-scouts. Je me suis relevée, j'ai couru vers lui, puis l'ai conduit à la cachette de Klara.

« Venez, les filles, nous a-t-il annoncé. On vous a trouvé une cachette sûre. »

Et il nous a emmenées chez les Debard. Une fois arrivées là-bas, je me suis tournée vers Klara.

« Tu te rappelles ce que tu m'as dit dans le bois?

— Oui.

— Quand tu vois à quel point tout le monde au Chambon se donne du mal pour nous protéger, sachant très bien ce qui leur arriverait s'ils se faisaient prendre, tu es prête à le répéter? »

Elle a eu l'air de réfléchir, puis m'a regardée bien en face.

« Non, je ne crois pas que je pourrais. »

Je lui ai souri.

« Je suis sûre que tu ne pourrais pas. »

M. Chave entre dans la cuisine au moment où nous finissons notre petit déjeuner, Klara et moi, et un instant après, voilà Guy qui arrive en courant. Je pousse un cri :

« Guy! C'est toi! Dis-moi vite, tout va bien? Il n'est arrivé aucun malheur à ta famille?

— Non, non, ça va. J'ai pensé que vous aviez pu venir vous réfugier chez grand-père.

— Comment ça? M. Chave est ton grand-père?

— Oui, dit Mme Chave avec un sourire. Paulette Debard est notre fille. C'est pourquoi nos fermes sont proches l'une de l'autre. Quand elle s'est mariée, nous leur avons cédé une partie de nos terres, à elle et à son mari. »

Elle regarde Guy.

« Il n'y a pas eu de problèmes?

— Non. Maman a dit aux gendarmes qu'elle ignorait que les deux filles se cachaient là. Et elle leur a très gentiment offert du café quand ils sont ressortis de la fosse à purin dans laquelle ils venaient de tomber. Ils étaient dans un tel état qu'ils n'avaient plus qu'une idée en tête, rentrer chez eux et se changer. »

Mme Chave se met à rire.

« Ils sont tombés dans la fosse à purin ? »

J'éclate de rire à mon tour en me rappelant la scène.

« Et l'un d'eux étrennait un uniforme neuf ! » ajoute Guy.

Puis il se tourne vers moi.

« Mais tu sais, ils ne tiraient pas sur vous. Le coup est parti tout seul quand un des gendarmes est tombé. Ils étaient trop bêtes ! Le plus malin, c'est leur chien. Sans lui, ils ne vous auraient jamais repérées. Mais nos chiens à nous s'en sont chargés, fais-leur confiance !

— Tu as entendu parler d'autre chose, Guy ? Tu sais s'il y a eu des arrestations ?

— Tôt ce matin, maman m'a envoyé au Chambon pour que je glane quelques informations. Nous avions très peur que vous vous soyez fait prendre. Quand je suis arrivé sur la grand-place, j'ai vu trois cars vides garés là. Le chef de la police était présent.

— Le chef de la police de toute la Haute-Loire! s'exclame Mme Chave. Nous devrions nous sentir honorés!

— Et le pasteur Trocmé a dû se rendre à la mairie. Quand il est arrivé, je suis entré en douce et me suis caché dans un couloir pour écouter ce qu'on disait. »

Je dissimule un sourire. Voilà un futur petit résistant!

« Et j'ai entendu qu'un policier parlait grossièrement au pasteur. Ça m'a choqué!

— Qu'est-ce qu'il lui disait? demande Mme Chave.

— Qu'il savait qu'il cachait des Juifs. Qu'il en voulait la liste avec toutes leurs cachettes.

— Qu'est-ce que le pasteur a répondu? veut savoir Klara.

— Qu'il ignorait les noms et que, même s'il les savait, il ne les donnerait pas parce que ces gens étaient venus chercher de l'aide et…

— Et quoi?

— J'essaie de me souvenir, dit Guy en fronçant les sourcils. Il a parlé d'un berger. Pas le chef de la police, le pasteur Trocmé. Il a dit qu'il était notre berger et qu'un berger n'abandonne jamais son troupeau.

Évidemment! S'il le faisait, ce serait un très mauvais berger! »

Je ne peux pas m'empêcher de rire, Klara m'imite.

« En tout cas, personne n'a été arrêté, ajoute triomphalement Guy. Absolument personne! »

# 11

> *Les grandes eaux ne pourraient
> éteindre l'amour et les fleuves
> ne le submergeraient pas.*
>
> Le Cantique des cantiques.

Je souris devant l'objectif. On est en train de me photographier pour mes faux papiers.

« Parfait, les filles, dit Rudi. Tout sera prêt dans quelques jours. En attendant, nous avons quelqu'un qui nous préviendra à temps si d'autres rafles sont à craindre. Dans l'immédiat, vous pouvez retourner à l'école et nous allons tous nous réinstaller dans les maisons de la Croix-Rouge. »

Je lève les yeux au ciel. Retourner à l'école! Bon, enfin, ce ne sera peut-être pas si terrible que ça. Mme Chave et son mari ont été parfaits avec Klara et moi pendant la semaine que nous avons passée chez eux. Les gendarmes fouillaient partout à la recherche de Juifs et les trois cars attendaient toujours sur la grand-place. Mais, chez les Chave, il n'y a que très peu de livres. Ils sont protestants, d'obédience extrêmement stricte, donc j'ai surtout lu la Bible. Ils ont eu la délicatesse de me donner l'Ancien Testament, pas le Nouveau, pour ne pas m'embarrasser en tant que Juive. Ils nous ont appelées, Klara et moi, « les enfants de Dieu », parce qu'ils croient que les Juifs sont tout particulièrement aimés de Dieu, et ils considèrent comme un privilège le fait de pouvoir nous aider.

Ils sont tellement pauvres, avec si peu à manger à la ferme que, un soir, ils nous ont envoyées pêcher des grenouilles. Au dîner, Mme Chave les a servies en fricassée. Ce n'était pas mauvais du tout. D'ailleurs, je serais prête à manger n'importe quoi. À Gurs, on nous donnait bien des pis de vache, alors des grenouilles, ça ne peut pas être pire.

Un jour, l'alerte a été chaude. Les gendarmes sont arrivés. Vite, vite, M. Chave nous a fait entrer dans la grande armoire en nous dissimulant derrière ses vêtements d'hiver. Je mourais de peur, Klara aussi. J'ai eu l'impression de rester enfermée là-dedans pendant des heures. On entendait la voix de Mme Chave :

« Des Juifs? Non! Je ne sais même pas à quoi ressemble un Juif. »

Finalement, les gendarmes sont repartis.

Rudi sourit tout à coup. Méfiante, je lui demande :

« Qu'est-ce qu'il y a de si drôle?

— Oh, je pensais seulement à ce que des garçons du Chambon ont peint sur les murs des maisons ces jours-ci. Ce n'était pas très gentil pour la gendarmerie. Maintenant dis-moi, Jolies Jambes, ça va?

— Oh! Tu m'avais promis de ne plus m'appeler comme ça!

— Moi? J'avais promis? Je ne me souviens pas.

— Klara! Dis-lui d'arrêter!

— Personne n'a jamais su empêcher Rudi de dire ou faire ce qu'il voulait! rétorque Klara.

— Alors qu'il nous raconte plutôt ce qui s'est passé en ville.

— Eh bien, après une semaine, les gendarmes ont abandonné leurs recherches et sont partis. Ils ont quand même pris quelqu'un, un jeune homme, mais comme celui-ci a pu prouver qu'il n'avait que deux grands-parents juifs — vous savez qu'ils vous arrêtent si vous en avez quatre —, il sera bientôt relâché. Il était assis tout seul dans un des cars et les habitants sont venus les uns après les autres lui apporter à manger. Les gendarmes avaient vraiment l'air idiots. Oh, et puis, il s'est passé autre chose. Vous vous souvenez de Marc, qui est lui aussi au collège Cévenol?

— Oui, bien sûr!

— Il était tranquillement assis à l'ombre d'un arbre en train de lire, quand il a entendu quelqu'un l'appeler : "Psitt, psitt!" Surpris, il a levé les yeux et a vu deux gendarmes à quelques pas qui lui faisaient signe de partir. L'un d'eux s'est approché et a chuchoté : "Tire-toi, on ne t'a pas vu!" Marc n'y comprend rien et demande ce qui se passe. "On cherche des Juifs, explique le gendarme, alors file vite, sinon on sera obligés de t'arrêter." Marc se met à rire et dit : "Mais je ne suis pas Juif ! — Tant mieux, répond son interlocuteur, parce que franchement, on n'aime pas faire ce boulot." »

Klara éclate de rire.

« J'imagine la tête que faisait Marc ! Il a dû croire que ce type était fou.

— Bon, la visite est terminée, coupe Rudi. J'ai du travail, moi. À plus tard, les filles. »

Ce soir-là, j'ai repris une de nos tournées avec lui et il m'a annoncé que beaucoup de réfugiés juifs venaient d'arriver au Chambon.

« Vraiment ? Je ne les ai pas vus.

— Dès leur arrivée, ils sont pris en charge, m'explique-t-il. Il y en a dans pratiquement chaque ferme des environs. Un grand nombre est venu par l'intermédiaire d'un groupe de la résistance juive appelé le Service André. Après, la CIMADE et plusieurs autres mouvements les aident à passer en Suisse. »

Au retour, je suis tellement fatiguée que je n'ai qu'une envie, me coucher immédiatement. Mais Rudi vient soudain frapper à la porte de ma chambre et me fait signe de le suivre sur le balcon. Je prends un pull-over que j'enfile par-dessus ma chemise de nuit, parce que l'air devient très frais la nuit.

« Voilà, m'annonce-t-il, Klara et toi partirez pour la Suisse demain. J'ai tout organisé. »

Pendant quelques secondes, j'en reste sans voix.

« Comme ça ? D'un seul coup ?

— Non, pas exactement. Ça n'a pas été simple à préparer.

— Et qui t'a demandé de le faire ?

— Tu es en train de me dire que tu ne veux pas partir ?

— Eh bien, je ne sais pas trop.

— Ça signifie quoi : "Je ne sais pas trop ?" Tu es devenue folle ?

— Non ! Pas du tout ! Peut-être que je préfère rester ici.

— En ce cas, tu ferais mieux de m'expliquer pourquoi, je te préviens !

— Peut-être que je veux aider ce Service André. Peut-être que je veux travailler pour la Résistance.

— Vraiment ! »

Et il sourit. Il se moque de moi !

« Ah, tu ne crois pas que je suis capable de me battre ? Je sais parfaitement que la Résistance a tout un réseau autour de Chambon. Je sais que ses membres s'entraînent dans les bois. Je pourrais très bien me joindre à eux. »

Je parle maintenant sur un ton de défi. Mais Rudi m'interrompt vite :

« Et Klara ? Tu crois qu'elle saurait se battre ?

— Non, suis-je bien obligée d'admettre.

— Et au bout de combien de rafles — il risque, tu le sais, de s'en produire encore —, Klara va-t-elle s'effondrer nerveusement ? Même si on ne l'arrête pas, combien de temps encore va-t-elle être capable de s'enfuir et de se cacher ? Tu te rends compte, n'est-ce pas, que nous ne sommes qu'au début de quelque chose qui peut devenir infiniment pire ?

— Mais, Rudi, aller jusqu'en Suisse, cela va être épuisant nerveusement aussi !

— Je sais, je sais. Mais je dois faire ce que je crois être le mieux pour vous deux. Ce sera dangereux, mais si vous réussissez, après, vous serez en sûreté. Toutes les deux.

— Ça me fait plaisir de constater que tu te soucies de ma sécurité aussi ! »

Et là, je me tais parce que je vois son regard posé sur moi, un regard brûlant...

« Rudi ? »

Il s'approche et je ne bouge pas plus que si j'avais été hypnotisée. Il se penche et m'embrasse doucement sur les lèvres. Jamais je n'aurais cru Rudi capable d'un geste d'une telle douceur. Puis il me regarde à nouveau, les deux mains posées sur mes épaules.

« Ça alors… »

C'est Klara qui vient de surgir.

Nous nous écartons l'un de l'autre d'un bond, Rudi et moi, et je vois qu'il est devenu cramoisi. Il a le visage et même le cou pratiquement de la couleur de ses cheveux.

« Que se passe-t-il ? demande Klara.

— Rudi nous envoie en Suisse demain, toi et moi, dis-je d'une voix mal assurée. Que ça nous plaise ou non. »

Je pense que ce n'est pas la réponse à laquelle elle s'attendait. Elle voulait savoir ce qui se passait entre Rudi et moi. Mais ce que je viens de lui annoncer est tellement énorme qu'elle ne peut maintenant penser à rien d'autre. Tout de suite elle déclare :

« Je suis prête à partir.

— Vraiment ?

— Oui, vraiment. Il va y avoir encore des rafles. Il faudra encore s'enfuir, encore se cacher. S'il y a moyen de nous faire partir, allons-y.

— Pas moi, Klara, dit Rudi. Je ne peux pas. J'ai trop de travail ici.

— En ce cas, je reste, proteste-t-elle.

— Mais Mlle Jolies Jambes ne s'en ira jamais sans toi, voyons. Donc tu dois y aller. »

Je foudroie Rudi du regard. Il sait très bien que c'est une façon éhontée de détourner la vérité. C'est moi qui ne veux pas partir! Ses yeux me supplient de ne pas protester. Je réfléchis à toute vitesse. Il a probablement raison. Klara a besoin que je l'accompagne. Et si je la conduis en lieu sûr en Suisse, peut-être trouverai-je ensuite un moyen de revenir au Chambon aider la Résistance. Qui sait? Je soupire :

« Klara, il a raison. Si tu ne pars pas, je ne partirai pas. Tout est prêt pour notre départ. Je crois qu'il faut y aller. »

Rudi s'approche de sa sœur et la prend dans ses bras.

« Toi et moi, nous sommes tout ce qui reste de notre famille. Aussi, prends bien soin de toi, il faut que tu sois désormais en sécurité. »

Elle se blottit contre lui. Il me jette un bref coup d'œil et chuchote :

« Merci, Jolies Jambes. »

Nos regards se croisent brièvement. Et puis il s'en va.

« Il t'a embrassée? me demande Klara.

— Tu l'as bien vu, non?

— Ça ne m'a pas étonnée.

— Pourquoi?

— Oh, ça fait très longtemps que je sais qu'il est fou de toi.

— Alors il a toujours eu une drôle de façon de le manifester! »

Elle sourit.

« Oui, n'est-ce pas? C'est comme un gamin qui vous jette des petits cailloux pour que vous remarquiez qu'il vous aime bien. »

Je souris.

« Tu as raison, c'est tout à fait ça.

— Maintenant il faut aller emballer nos affaires, dit-elle, et faire nos adieux aux autres.

— Je serai incapable de fermer l'œil, cette nuit, tu sais.

— Moi aussi. »

Mais ce n'est pas parce que nous partons que je suis aussi excitée. Enfin, c'est aussi à cause de cela. Mais il y a surtout le baiser. Je sens encore les lèvres de Rudi qui se posent sur les miennes et je ne peux m'empêcher d'y penser tout le temps. Pourquoi? Parce que ça m'a plu. Vraiment plu. Si seulement il n'avait pas attendu la veille de notre départ pour m'embrasser! Il est tellement agaçant, ce garçon. Mais il a de si beaux yeux...

# 12

*Je suis devenu un émigré
dans une terre étrangère.*

Livre de l'Exode.

Les adieux se font dans un grand festival d'embrassades. Rudi me dépose un rapide baiser sur la joue, étreint Klara, puis s'en va. On m'apprend que Peter viendra avec nous et cela m'inquiète un peu. C'est une telle tête brûlée, ce Peter! Mais il n'est pas bête et, s'il faut se battre, on pourra compter sur lui.

Rudi nous a bien expliqué quel chemin il fallait prendre et nous partons aussitôt après le petit déjeuner. Nous nous rendons d'abord au village voisin de Tence où nous devons nous cacher pour la journée et la nuit dans la maison du pasteur. Au Chambon, on nous connaît trop bien et il ne faut surtout pas que les gendarmes nous voient partir. C'est donc à Tence, où on ne nous a jamais vues, que nous prenons le lendemain le train pour Lyon.

À Lyon, la gare est bondée mais nous réussissons à obtenir des tickets pour Annecy qui n'est pas loin de la frontière suisse. Le train ne doit pas partir avant plusieurs heures et nous nous asseyons chacune à un bout de la salle d'attente en essayant de nous rendre invisibles. Une fois dans notre compartiment, je constate qu'il y a des gendarmes partout. Je décide de rester délibérément à côté de l'un d'entre eux, comme pour bien signifier que je n'ai rien à cacher. Klara se dissimule à moitié derrière un journal qui tremble parce que ses mains tremblent.

À l'arrivée à Annecy, un autre pasteur nous attend. Il s'appelle Muril. Ce soir-là, nous dormons chez lui, à même le plancher. Et juste avant l'aube, il nous emmène gravir le

Cheval-Blanc, la montagne qui nous sépare de la Suisse.

Il pleut des cordes. Nous sommes en chaussures de ville car nous avons dû laisser au Chambon les sabots de bois que nous portions habituellement. Ils auraient trop clairement indiqué que nous venions de la campagne. Les miennes sont trop petites et me serrent. Celles de Klara sont trop grandes, elle a dû les bourrer de petits bouts de chiffon. Quant à Peter, ses semelles sont pleines de trous.

Depuis notre départ, nous nous sommes à peine parlé, Klara, Peter et moi. Nous avons peur, nous sommes anxieux. Avons-nous eu raison de partir? N'aurait-il pas mieux valu rester où nous étions? Allons-nous réussir à gagner la Suisse?

Nous avons de gros manteaux, et Klara et moi, un foulard sur la tête. Mais la pluie tombe si dru que mes cheveux sont bientôt trempés. Tandis que nous grimpons péniblement l'étroit sentier boueux, des feuilles mortes se collent sous nos talons. Nous marchons toute la journée, ne nous arrêtant de temps à autre que pour reprendre notre souffle. Quand la nuit commence à tomber, le pasteur Muril nous conduit à une petite cabane de bûcheron et cela paraît bon d'être soudain à l'abri du vent et de la pluie.

Le pasteur est un petit homme rond aux yeux en boutons de bottine. Quand il sourit, il a presque un visage d'enfant et ne semble plus s'inquiéter de rien.

« Regardez ce que j'ai pour vous! » nous déclare-t-il gaiement en sortant de son sac des pommes de terre bouillies.

Il nous les tend comme s'il s'agissait de pépites d'or. Et pour moi, elles ont au moins autant de valeur! Nous les dévorons, puis nous nous couchons à même le sol et nous endormons d'un seul coup.

Dès les premières lueurs de l'aube, il faut repartir. Au bout d'une heure de marche à peine, nous nous retrouvons dans la neige. J'ai la tête qui tourne un peu.

« Nous allons monter jusqu'à près de deux mille huit cents mètres, m'explique le pasteur. C'est l'altitude qui fait cet effet. On se sent aussi léger qu'un ange!

— J'aimerais bien qu'un ange me prenne par la main et m'aide à voler jusqu'à notre but! »

Je halète en parlant.

« Si les anges existaient, ricane Peter, tu crois qu'on serait obligés d'accomplir un tel périple? Désolé, pasteur, mais vous serez d'accord avec moi pour penser que c'est difficile de croire aux anges dans des circonstances pareilles!

— Pas du tout! proteste le pasteur, le souffle court, lui aussi. Moi, j'y crois! Je pense qu'ils sont aussi réels que nous. Et qu'en cet instant précis, ils nous aident. Et pleurent pour ceux à l'égard desquels ils ne peuvent rien.

— Oh, c'est stupide! rétorque Peter. Je veux dire, si Dieu voulait nous porter secours, il le ferait, c'est tout. Qui l'en empêcherait?

— Seulement lui-même. Les lois de l'univers sont fixées une fois pour toutes. Dieu ne peut pas les modifier parce que nous, les humains, lui préférons Satan.

— Je ne crois pas en Satan, déclare Peter.

— Non, en effet, dit le pasteur, ça ne fait pas partie des croyances juives.

— Et vous savez pourquoi? interroge Peter.

— Pourquoi? » répète le pasteur.

Je trouve que c'est gentil de sa part de permettre à Peter de continuer à s'exprimer.

« Parce que c'est dangereux de dire qu'il y a le bien d'un côté et le mal de l'autre, comme si le mal était quelque chose d'extérieur à nous. Tant que nous n'aurons pas réalisé que nous sommes tous capables de faire le mal, nous continuerons à commettre de mauvaises actions. Chacun de nous a quelque chose de diabolique en lui.

— Pas moi ! »

J'ai crié pour tenter de détendre un peu l'atmosphère.

« Et sûrement pas Klara ! Elle est parfaite ! »

Peter la regarde un long moment, puis il murmure :

« Oui, Klara l'est. »

Là, je suis furieuse ! Je m'exclame :

« Merci beaucoup ! Et moi, alors ? »

Juste à cet instant, Klara s'effondre sur le chemin.

« Qu'y a-t-il ? hurle Peter.

— C'est le manque d'oxygène, se hâte de le rassurer le pasteur.

— Attendez une minute ! »

Je fouille vite, vite dans mon sac et en retire un morceau de sucre. Puis je me précipite vers Klara et lui ordonne :

« Regarde-moi ! Ouvre la bouche ! »

Elle le fait et je lui glisse le sucre entre les dents. Elle le mange, puis je lui en donne un autre. Au bout de quelques instants, elle semble se ressaisir. Peter se penche sur elle, plein de sollicitude :

« Tu crois que ça va aller?

— Oui, je me sens mieux. Tout à coup, j'ai eu un terrible vertige, mais maintenant ça va. Si seulement mes pieds n'étaient pas glacés! »

Peter lui ôte doucement ses chaussures et ses chaussettes.

« Oh, s'exclame-t-il, ils sont tout blancs! »

Il prend une poignée de neige et lui frotte énergiquement les pieds, jusqu'à ce qu'ils deviennent rouges. Puis il les masse pour qu'ils reprennent leur couleur habituelle. Je me déchausse en hâte et me soigne de la même façon. Il en fait autant à son tour. Nous ne voulons pas avoir les orteils complètement gelés.

Et puis il faut repartir. Le chemin devient de plus en plus escarpé. Je maudis Rudi. Ce ne doit pas être pire de rester caché dans une des fermes du Chambon! Soudain Klara s'arrête net.

« Je ne peux pas! me dit-elle en désignant du doigt une étroite arête rocheuse qu'il va falloir franchir, avec le vide sous nos pieds.

— Mais si, tu peux! Peter va passer le premier, toi ensuite, et je te suivrai. Entre nous deux, il ne t'arrivera rien.

— Non, je ne peux pas!

— Klara, on n'a pas le choix. On ne peut plus revenir en arrière maintenant. Le pasteur Muril est déjà passé par ici des douzaines de fois.

— Allons, viens, lui dit gentiment Peter. Garde les yeux fixés sur moi. »

Il me semble la voir rougir. Se pourrait-il qu'elle éprouve quelque chose pour lui, elle si douce, alors que Peter est comme hérissé de piquants partout?

« Bon, d'accord, j'y vais », dit-elle.

Le pasteur avance le premier. Il s'adosse à la paroi rocheuse et sur le minuscule sentier fait un pas après l'autre, jusqu'à ce qu'il se trouve en sécurité de l'autre côté du bloc qui nous barre le passage. Peter le suit, puis Klara. Nous l'encourageons tous :

« Vas-y! Encore un pas! Un autre! Très bien! Tu vas y arriver! Encore! Bravo! »

Ça y est, elle a réussi! À moi, maintenant.

Et voilà que je me retrouve comme suspendue dans le vide. Pendant une seconde, j'ai si peur que je ne réalise même pas ce qui m'arrive. Puis j'entends Klara hurler. Et je comprends que j'ai dû glisser.

« Ne bouge pas! Ne bouge surtout pas! me crie Peter. J'arrive! Ton sac est resté coincé entre deux pierres et tu es accrochée par la courroie. »

« Ne bouge pas! » Mais qu'est-ce qu'il croit? Où pourrais-je aller? Je suis incapable de faire le moindre mouvement. Une minute passe — qui me paraît interminable. Puis voilà Peter qui revient précautionneusement sur ses pas et attrape la courroie.

« Je vais t'aider à remonter en arrière. Tiens bon, il va falloir que tu fasses un rétablissement. »

Je tourne légèrement la tête. Mon cœur bat à tout rompre. J'ai du mal à respirer. Je vois le bord du sentier juste à ma portée, m'y agrippe d'une main, puis de l'autre.

« Attention, on y va, dit Peter. Un, deux, trois! »

Je donne un bon coup de reins, puis un autre et ça y est, je me suis hissée là où il fallait. Une main ferme m'attrape par le bras, je me remets debout et nous avançons sur l'étroite langue de rocher, Peter et moi. Une fois de l'autre côté, je m'effondre contre Klara qui répète :

« Oh, mon Dieu, oh mon Dieu!

— Ne t'inquiète pas, je suis tirée d'affaire. »

Je tremble pourtant de la tête aux pieds. Peter fouille dans mon sac à la recherche d'un morceau de sucre.

« Tiens, me dit-il, prends ça.

— Non, je veux garder ce qui reste pour Klara.

— C'est pour toi! » m'ordonne celle-ci.

Je croque le sucre et, au bout de quelques instants, je me sens plus calme. Au moment où il va falloir se remettre en marche, le pasteur dit à Peter :

« Peut-être qu'il y avait un ange juste à côté d'Anna. Qu'elle ait réussi à se sortir de ce très mauvais pas, pour moi, c'est un miracle.

— Non, proteste Peter. Si votre ange avait bien fait son boulot, Anna n'aurait tout simplement pas glissé. »

Nous marchons, nous marchons et, finalement, nous amorçons la descente, à notre grand soulagement. Le chemin devient plus facile. Mais cela ne dure pas car nous avançons maintenant dans un mélange de neige, de boue et d'herbe très glissant. Le pasteur va en tête, lui, au moins, il est bien chaussé. Nous, nous avons du mal à garder notre équilibre. Brusquement, la pente s'accentue et c'est sur une vraie plaque de glace qu'il va falloir passer. Le pasteur décide qu'il vaut mieux nous aider, l'un après l'autre, à la franchir. Il prend Klara par le bras et ils avancent avec précaution tous les deux. Ensuite il revient me chercher et, à l'instant où j'arrive à bon port, voilà Klara qui se met à hurler :

« Non, Peter, non ! Attends ! »

Il n'a pas attendu du tout et le voilà qui glisse, tombe et part comme une flèche sur la plaque verglacée, sans pouvoir s'arrêter. Le pasteur me lâche la main et s'exclame :

« Non, non ! Il va droit vers le précipice ! »

Peter file, tel un bolide, et je ne vois pas ce qui pourrait stopper sa course folle. Le pasteur se précipite, se jette par terre et parvient à l'intercepter, je ne sais même pas comment. Les deux corps se heurtent avec une extrême violence et s'arrêtent juste au bord du gouffre.

Je reprends mon souffle. Klara, elle, se met à crier :

« Idiot ! Espèce d'idiot ! Tu ne pouvais pas attendre ? Qu'est-ce que c'est que cette manie de toujours refuser l'aide des autres ? »

Peter la regarde, un peu surpris par cette véhémence. Mais il a peu à peu l'air de comprendre que, si elle est si furieuse, c'est qu'elle a eu peur — et donc qu'elle tient à lui. Il arbore aussitôt un large sourire de satisfaction. Klara le foudroie du regard.

« Et je te dispense de prendre cet air stupide ! »

Il affiche immédiatement une expression désolée, mais personne n'est dupe. Le pasteur Muril se met à sourire aussi puis nous enjoint de nous remettre en route.

« Je vais bientôt vous quitter, nous dit-il. Nous allons arriver près d'une chute d'eau. Juste après, il y a un chemin et ensuite c'est la frontière. Je ne dois pas la franchir. Vous continuerez sans moi. »

Et c'est exactement ce qui se passe. Après l'avoir chaleureusement remercié, nous lui disons au revoir et partons tous les trois.

# 13

*Oui, c'est pour la misère que l'homme
est né et l'étincelle pour prendre son essor.*

Livre de Job.

C'est le soir, le crépuscule tombe vite et nous sommes perdus dans la montagne. Klara fait des efforts pour ne pas pleurer. Peter la tient par la main et tente de la rassurer. Moi, j'essaie désespérément de repérer où nous pouvons bien être. Nous avons trouvé la chute d'eau sans problème, mais pas le chemin. En tentant de le localiser, j'ai glissé et suis à moitié tombée dans l'eau. Il a fallu une fois de plus que Peter vienne à mon secours. Maintenant, assis sur un rocher, nous réfléchissons à ce que nous pourrions faire. Impossible de revenir sur nos pas. Et impossible, manifestement, d'avancer. Mais impossible aussi de rester là beaucoup plus longtemps. Nous risquerions de mourir de froid.

Soudain je me lève, il me semble avoir aperçu quelque chose dans le torrent, entre deux pierres. Quelque chose qui brille. Je m'accroche d'une main à un rocher, demande à Peter de me tenir l'autre et me penche. Oui, il y a quelque chose, c'est une boîte de conserve. Donc des gens sont passés ici avant nous. Le chemin ne peut pas être loin…

Je regarde, à droite, à gauche. Soudain entre un buisson et un gros bloc rocheux, il me semble deviner une ouverture. Un passage, peut-être? Je mets un pied dans l'eau, en essayant de ne pas perdre l'équilibre, me tords le cou pour mieux voir… Oui, c'est cela, il faut franchir le torrent et gagner l'autre rive. Nous formons une chaîne pour plus de sûreté et avançons lentement. Ce n'est heureusement pas trop profond. Je marche la première, Klara est derrière moi. Quand elle trébuche, Peter la retient. Ça y est, nous y sommes. Et le chemin est bien là, devant nous.

Je pousse un grand cri de joie. Mes compagnons m'imitent. Nous allons maintenant d'un bon pas et tombons soudain sur un groupe de cantonniers suisses qui travaillent à l'intersection du chemin et d'une petite route. Je m'approche, ils n'ont pas l'air hostile et je me dis que nous avons peut-être réussi ! Que nous avons touché le but !

Mais voilà que surgissent deux garde-frontières. Nous leur expliquons que nous sommes des réfugiés juifs et que nous arrivons de France. L'un d'eux secoue la tête et dit :

« Désolé, mais vous devez retourner là d'où vous venez.

— Quoi ! » s'exclame Peter d'un ton menaçant.

En l'entendant, le garde-frontière durcit le ton de sa voix :

« Vous m'avez compris. Le gouvernement suisse n'autorise actuellement *aucun* réfugié juif à pénétrer sur son territoire. Seulement les gens qui ont un visa en règle. Vous devez retourner en France.

— Si nous faisons cela, nous serons déportés et tués.

— Cela ne nous regarde pas. C'est la loi.

— Attendez, dit l'autre, nous allons vous laisser passer là où il n'y a pas de gendarmes français pour qu'au moins, on ne vous arrête pas. Et vous pourrez manger un peu avant de repartir chez vous.

— Oh merci, répond Peter d'un ton sarcastique. Merci beaucoup ! »

Je suis tellement déçue que je n'arrive pas à articuler un seul mot. Nous suivons le garde-frontière jusqu'à une petite auberge où on nous sert de la soupe et un ragoût avec de la viande. De la viande ! Nous payons avec une partie de l'argent que nous avons emporté.

Quand nous avons terminé, nous allons dans les toilettes nous laver les mains et nous arranger un peu. Après quoi on nous conduit jusqu'à Vallorcine en camion. Là, il nous faut repasser la frontière et mon cœur se serre à la vue des gendarmes français qui s'approchent de nous.

« Les salauds ! » s'exclame Peter.

Je sais qu'il ne parle pas seulement des deux garde-frontières suisses, mais aussi du gouvernement suisse, des Suisses en général. Pourquoi nous haïssent-ils tous au point de ne pas nous donner refuge dans leur pays?

« Rappelle-toi quand même, lui chuchote Klara, que ce sont les Suisses qui s'occupaient de nous au Chambon.

— Oui, enfin, la Croix-Rouge suisse, et ce n'est pas la même chose, dis-je. Toutes les organisations charitables sont prêtes à nous aider, tandis que les gouvernements de leur pays veulent nous tuer. »

Les gendarmes nous mettent les menottes et on nous fait encore monter dans un camion. Nous allons jusqu'à La Voulte-sur-Rhône et là, nous devons passer la nuit — toujours dans le camion et toujours menottés. Je n'ose même pas imaginer ce qu'on risque de nous faire après.

Au matin, on repart. Après avoir roulé assez longtemps, nous arrivons devant des barbelés et des baraquements qui ressemblent de la façon la plus sinistre à ce que nous avons connu à Gurs.

Je crie à notre chauffeur :

« Où sommes-nous donc?

— Au camp de Rivesaltes », me répond-il.

Et avant d'avoir vraiment eu le temps de

réaliser ce qui nous arrive, nous voilà dans une baraque, entourés d'hommes et de femmes maigres, blêmes, à l'air épuisé, qui nous bombardent de questions. Klara s'accroche à moi en pleurant tout bas. Je demande à Peter de s'occuper d'elle, je vais essayer de répondre à tout le monde. Mais nous sommes tout de suite interrompus par quelqu'un qui annonce :

« Chacun doit prendre ses affaires, les déportations commencent aujourd'hui. »

Affolée, je me précipite vers cet homme et lui demande :

« Y a-t-il des représentants de la Cimade dans ce camp ?

— Oui.

— Où puis-je les trouver ? »

Il me désigne du doigt la baraque voisine et j'y cours. Toutes sortes de gens entourent les membres de la Cimade pour les supplier d'ôter leur nom des listes de déportés. Je suis obligée d'attendre mon tour. Quand il arrive enfin, la jeune femme à qui je m'adresse écoute mon histoire avec beaucoup d'attention.

« C'est Mme Lévy de l'OSE qui s'était occupée de vous faire sortir de Gurs, n'est-ce pas ?

— Oui.

— Bon, je vais voir ce que je peux faire. Et je trouverai un moyen de l'avertir que vous êtes ici.

— Vraiment?

— Comptez sur moi. »

Je retourne auprès de Klara et Peter pour les prévenir. On a déjà commencé l'appel des noms de ceux qui doivent partir. Nous retenons notre souffle. Mais les nôtres n'y figurent pas. Au bout d'un moment, la moitié de la baraque est vide. Nous trouvons des paillasses pour dormir un peu. Le soir, on nous sert une horrible soupe, de la lavasse. Personne ne peut subsister longtemps avec ça. La nuit tombe et je me sens soudain si malheureuse que je n'ai même plus envie de lutter. Alors je me mets à chanter. Je chante toutes les chansons que je connais. Peu à peu, d'autres voix se joignent à la mienne. Quelqu'un prend un violon, un autre une flûte et nous nous offrons un vrai concert jusque très tard dans la nuit. Après, épuisée, je m'endors.

Quand je me réveille, au petit matin, je vois Mme Philip, de Chambon, penchée sur moi. Je ne la connais pas très bien, mais je me jette quand même dans ses bras, comme si elle était ma meilleure amie. Et peut-être l'est-elle, en cet instant précis...

« Ne t'inquiète pas, me dit-elle, nous allons vous sortir de là tous les trois et vous renvoyer au Chambon. En tout cas, je vais essayer, c'est promis. »

Je sais très bien qu'elle ne peut pas faire de miracle, mais simplement savoir que quelqu'un se soucie de nous m'aide énormément. Je reprends espoir.

Un jour passe. Puis un autre. Et un autre. Un autre encore. Personne ne revient nous voir.

À Rivesaltes, les hommes et les femmes ont le droit d'être ensemble, dans les mêmes baraques. Je vois que Klara et Peter ne se quittent plus. Moi, je cherche et trouve un endroit où on fait de la musique. J'y passe presque tout mon temps. Mais il y a eu tant de gens déportés qu'il ne reste pas assez de musiciens pour constituer un véritable orchestre. Nous faisons ce que nous pouvons. J'organise une petite chorale avec des jeunes. Nous sommes en pleine répétition quand voilà Peter qui surgit et s'exclame :

« Les Allemands ont occupé la zone libre. Viens vite, venez tous. Le directeur du camp va nous parler. »

Nous nous précipitons dehors, juste à temps pour entendre :

« ... et j'ai décidé que tous les étudiants, les jeunes et les prisonniers politiques sont libres de partir. »

Nous nous regardons, Peter, Klara et moi, sans parvenir à y croire. C'est un vrai miracle !

Les membres de la CIMADE nous donnent un peu d'argent et nous demandent de nous tenir prêts à prendre le train le lendemain matin.

On nous conduit tôt à la gare et à quatre heures et demie de l'après-midi, nous sommes au Chambon.

Je n'ai jamais été aussi heureuse d'arriver quelque part. Rudi nous attend sur le quai. Quand nous descendons, il se précipite vers Klara et la tient longuement contre lui. Il serre la main de Peter. Puis il me regarde. Et soudain, il me prend dans ses bras, me soulève, me fait tournoyer avec lui et finalement m'embrasse. C'est un vrai, vrai baiser, qui me coupe le souffle. Quand il me lâche, je le dévisage. Il a tellement changé en quelques jours ! Ce n'est plus un gamin, c'est un adulte ! Il est si beau, avec sa tignasse rousse et ses yeux verts ! Il me semble même que ses taches de rousseur ont disparu.

« Dis donc, Jolies Jambes, me dit-il, pourquoi m'observes-tu avec ce drôle d'air, hein? Tu secoues la tête comme un petit chien qui s'ébroue! »

Je souris.

« Je crois que mes yeux me jouent des tours. »

Aussitôt il s'inquiète :

« Qu'est-ce qu'il y a? Tu ne vois pas bien?

— Mais si, voyons! C'était une blague!

— Parfait, parce que maintenant j'ai une grande nouvelle à t'annoncer, ainsi qu'à Klara : j'ai un moyen sûr de vous faire passer en Suisse dans environ une semaine.

— Quoi? »

Nous avons poussé le même cri toutes les deux.

« Allons, allons, ne traînons pas, nous coupe-t-il. Vous ne pouvez pas retourner habiter au même endroit qu'avant parce que, officiellement, vous êtes en état d'arrestation. »

Mais alors, il sait tout ce qui nous est arrivé?

Il voit mon air stupéfait et poursuit :

« Je suis au courant de vos mésaventures. Mme Philip et moi gardions l'œil sur vous. Partons d'ici, vite. Je vais vous conduire jusqu'à une ferme isolée où vous pourrez rester cachées. Il ne faut pas qu'on vous voie au Chambon. »

## 14

*Le loup habitera avec l'agneau,*
*le léopard se couchera près du chevreau,*
*le veau et le lionceau seront nourris ensemble*
*et un petit garçon les conduira.*

Ésaïe.

Cela fait maintenant quatre jours que nous sommes chez M. et Mme Russier. Rudi est resté avec nous parce que les Allemands sont arrivés au Chambon et que ce serait trop dangereux pour lui de continuer à transporter des faux papiers à leur nez et à leur barbe. Ils se sont installés dans le plus grand hôtel, juste en face de la maison qui sert de quartier général à la Résistance. Rudi a caché son matériel de faussaire dans une des ruches de la petite ferme. Les Russier ne semblent pas tenir compte des risques qu'ils prennent en nous hébergeant et, pourtant, ils ont trois jeunes enfants.

Ils sont très religieux et, chaque soir, ils lisent à voix haute un passage de l'Ancien Testament. Hier, c'était tiré du Livre de Job. J'ai trouvé ça très beau. Peter, lui, a relevé ces quelques mots qui lui ont évidemment plu : « ... enfin Job ouvrit la bouche et maudit son jour. » Comment Klara peut-elle aimer quelqu'un qui voit systématiquement l'aspect le plus noir des choses ? C'est trop déprimant, à la fin. Personnellement, ce que je préfère, ce sont ces lignes-là : « ... mais la sagesse, où la trouver ? Où réside l'intelligence ? On en ignore le prix chez les hommes. »

Rudi, lui, ne s'intéresse qu'aux faux papiers qu'il trouve le moyen de continuer à fabriquer. Il a réussi à nous faire des visas de sortie de France et des visas d'entrée en Suisse, si bien que nous devrions pouvoir franchir la frontière en toute légalité. Aucun de nous ne discute plus la nécessité de partir. Avec les Allemands au Chambon, il faut s'en aller, et vite. Pourtant, je ne suis pas du tout sûre de ne pas avoir envie de revenir une fois que je saurai Klara et Peter en sécurité. J'en discute avec Rudi et nous nous disputons ferme à ce propos :

« Pas question que tu reviennes, me dit-il.

— Ce n'est pas toi qui décides.

— Si, c'est moi.

— Dis donc, tu me donnes des ordres, maintenant ?

— Écoute, Anna, sois raisonnable. Il faut que tu restes avec Klara. Elle aura besoin de toi.

— Non, elle aura Peter. Si je pars avec eux, c'est uniquement parce que je ne lui fais pas confiance à lui : il risque à tout moment de commettre une imprudence. Mais une fois qu'ils seront à l'abri, on verra.

— On ne verra rien du tout. Si tu essaies de revenir ici, tu te feras arrêter à nouveau et personne ne pourra plus rien pour toi.

— Je ne prendrai pas le moindre risque.

— Tu promets ? Promets-moi !

— C'est ce que maman me disait toujours. »

Et soudain, je me mets à sangloter sans pouvoir m'arrêter. Rudi me serre contre lui.

Je m'aperçois que c'est la première fois que je me laisse aller à pleurer pour maman et tante Mina. Elles me manquent tellement! Je me demande si elles ont souffert avant de mourir, si elles ont beaucoup souffert, elles qui n'avaient jamais fait de mal à une mouche. Et elles sont mortes aux mains de ces monstres. Je ne peux pas supporter cette idée. Depuis que je les ai vues partir, j'essaie tout le temps de ne pas y penser. Je ne veux pas non plus penser à ma sœur et à mon frère, je me sens alors tellement seule...

Quand je parviens à me calmer un peu, je regarde Rudi et lui dis :

« Écoute, peut-être serai-je obligée de revenir me battre à tes côtés. Même si c'est dangereux. Tu te bats bien, toi. Il faut que cette horreur cesse. Il faut la combattre. Je vais m'assurer que Klara arrive en Suisse. Après, je verrai ce que je fais. »

Nous restons longtemps serrés l'un contre l'autre.

*
* *

Rudi entre dans la cuisine.

« Vous êtes prêts? demande-t-il.

— Mais oui, répond Klara. Cela fait deux jours que nous attendons, notre sac à la main.

— Bon, alors on y va.

— Maintenant?

— Maintenant. »

Nous remercions chaleureusement Mme Russier. Ses enfants sont à l'école. Son mari est aux champs. Une bonne couche de neige recouvre le sol. Rudi ne peut pas nous accompagner jusqu'à la gare, il ne doit surtout pas se faire remarquer par les Allemands. Les adieux sont brefs. Sinon, ce serait trop pénible. Nous descendons le sentier en silence, traversons rapidement Le Chambon et montons dans un train à destination de Grenoble. Là, nous en prenons un autre pour Annemasse. Il y a des Allemands partout. Annemasse est sur la frontière suisse, en face de Genève. Quand nous descendons sur le quai, une jeune femme s'approche de nous.

« Lisette? » me dit-elle.

Je la regarde un instant, surprise, puis me rappelle que c'est mon nom d'emprunt.

« Oui, dis-je, et voici Marie-Justine et Jean.

— Bien. Suivez-moi. C'est Mme Philip qui m'a priée de m'occuper de vous.

— Vous nous conduisez à la frontière tout de suite ? »

Elle se contente de me répondre :

« Vite, suivez-moi. »

Nous voilà dans la rue et nous marchons jusqu'à une maison à deux étages dans laquelle elle nous fait entrer.

« Voilà, ici c'est l'Armée du Salut. Je suis désolée d'avoir à vous annoncer que la frontière est fermée. Les Allemands sont partout et de nombreux Juifs ont été arrêtés aujourd'hui.

— Mais nous, nous avons des papiers ! s'exclame Klara.

— Cela ne change rien. On ne peut passer nulle part. Je ne vois pas comment nous pourrions vous aider. Je crains que vous ne deviez repartir pour Le Chambon.

— Pas question, déclare Peter. Moi, je vais essayer de passer quand même.

— Peter, voyons, c'est stupide. Tu te feras prendre !

— Je veux quand même tenter le coup. La nuit. Je suis sûr que c'est possible.

— En ce cas, je vais avec toi », dit Klara.

A-t-elle perdu l'esprit ? Où est donc ma timide petite Klara ? Heureusement que je suis là.

« Écoute, lui dis-je, tu n'iras nulle part. Tu reviendras avec moi au Chambon.

— Non, c'est Rudi qui a voulu que nous partions. Je ne veux pas continuer à me cacher, à attendre, attendre sans rien faire qu'on vienne nous arrêter. Et tu sais parfaitement que nous ne serions même pas sûres de pouvoir retourner là-bas. Non, non, je pars avec Peter. »

Lui, je le foudroie du regard.

« Tu prends des risques insensés, tu m'entends ? »

Il hausse les épaules.

« Tu n'es pas obligée d'être de mon avis. Mais ce n'est pas pour ça que j'ai tort et tu le sais. »

Oui, je le sais et je ne peux m'empêcher d'ébaucher un sourire.

« Bon, d'accord. Ça vaut le coup d'essayer. On partira dès qu'il fera nuit et on verra ce qu'on peut tenter. »

Les membres de l'Armée du Salut nous servent de la soupe bien chaude et un verre de lait chacun. Quand la nuit est vraiment tombée, nous leur disons au revoir et nous partons. À la sortie de la ville, nous prenons une petite route qui semble peu fréquentée mais, très vite, une patrouille allemande surgit. Nous affectons un air indifférent et continuons à marcher, mais les choses se présentent mal. Jusqu'au moment où nous repérons une ferme qui doit être à très peu de distance de la frontière. Il faut prendre une décision. C'est maintenant ou jamais.

« Bon, dis-je, je vais aller voir si quelqu'un est prêt à nous aider. On ne peut pas continuer à errer dehors comme ça. »

Et nous courons jusqu'à la ferme. Je frappe à la porte. Une femme d'un certain âge vient nous ouvrir. Je n'hésite pas :

« Madame, je suis désolée de vous déranger mais pouvez-vous faire quelque chose pour nous ? »

Je sais parfaitement qu'elle peut nous dénoncer tout de suite. Elle nous observe quelques instants, puis hoche la tête et nous dit d'entrer. Elle nous conduit à la cave, en nous recommandant de rester là jusqu'au matin, sans faire de bruit. Avant de nous laisser, elle nous allume une petite bougie.

Il fait sombre et très humide et nous ne savons même pas si nous sommes en sécurité ou si la police française, avertie de notre présence, ne risque pas de surgir d'un instant à l'autre. Mais nous n'avons pas le choix, il faut attendre. Klara et Peter chuchotent dans un coin. Je m'adosse à un sac de pommes de terre et essaie de somnoler un peu. La nuit est longue… Finalement, j'entends le chant du coq. La porte de la cave s'ouvre. Un homme descend les marches et nous tend à chacun une salopette et une paire de sabots.

« Mettez ça », dit-il simplement.

Nous lui obéissons et il nous fait alors signe de monter à la cuisine.

« Bien, ajoute-t-il. Il va falloir laisser vos sacs ici, vous seriez vite repérés avec des bagages. Prenez un seau à lait et suivez-moi. N'hésitez pas à faire du bruit en marchant, cognez vos seaux les uns contre les autres. Et surtout, n'emportez pas vos faux papiers. »

Vite, je prends le petit portefeuille qui contient quelques photos, tout ce qui me reste de ma famille, et le fourre dans une poche de ma salopette. Et nous sortons.

Nous traversons un champ, suivons une petite route et je vois que, droit devant nous, il y a une guérite avec une sentinelle allemande. Mon cœur s'arrête de battre. Le fermier va-t-il nous livrer? Mais il oblique brusquement vers la gauche et prend un sentier étroit. Surgissent de derrière les arbres trois moines bénédictins en robe de bure qui nous font signe de venir. Le fermier, lui, tourne les talons et repart en sens inverse. Les moines nous conduisent jusqu'à une clôture en fil de fer barbelé et, l'un après l'autre, ils nous soulèvent pour nous la faire franchir. D'abord Klara, puis Peter et enfin moi.

Quand je retombe sur le sol, je lève les yeux et, la première chose que je vois, c'est une paire de bottes noires et j'entends un mot allemand :

« *Halt !* »

Je regarde... Des bottes noires. Un uniforme couleur vert-de-gris. Mon cœur bat la chamade. Mon Dieu, que va-t-il nous arriver ? Allons-nous être fusillés tout de suite ? « Pardon, Rudi, j'ai fait tout ce que j'ai pu pour conduire Klara à l'abri. Pardonne-moi... Si seulement je pouvais te revoir une fois, une seule fois... »

Et puis je comprends. La croix suisse sur son uniforme... Le soldat est Suisse, Suisse allemand.

« Qu'est-ce que vous faites là ? demande-t-il.

— Nous ? Oh rien, on attend le bus. »

Ma petite plaisanterie ne le fait pas rire du tout.

« Ce n'est pas le moment de dire des bêtises ! »

Et il se précipite vers une cabine téléphonique qui est un peu plus loin, au bord de la route. Quand il revient, il secoue la tête. Nous nous regardons tous les trois. Peter prend Klara par une main. Je lui tiens l'autre.

« Bon, venez, dit le soldat. C'est à n'y rien comprendre. On m'a donné l'ordre de vous emmener à Genève. Un jour c'est oui, un jour c'est non. Mettons que vous, vous avez de la chance. »

Nous ne l'écoutons plus. Nous tombons dans les bras les uns des autres, nous nous embrassons, nous sautons de joie. Nous avons échappé aux nazis. Ils ne tueront pas ces trois Juifs-là.

Quand on nous fait monter dans un camion, j'entonne un air de *L'Opéra de quat'sous* :

*Ce que je demande, est-ce trop ?*
*Une fois, avant de mourir,*
*aimer un homme et lui appartenir,*
*mon pauvre rêve est-il trop beau ?*

Et Klara et Peter chantent avec moi. Pour le moment, au moins, nous sommes libres. Libres.

Mais cela ne m'empêche pas de penser à Rudi. À la Résistance. À ce qu'on a fait à maman, à tante Mina et à Oma. Je crois que tous ceux qui veulent notre mort ont commis une grosse erreur en ne me tuant pas. Car cette petite Juive-là pourrait bien avoir envie de revenir se battre, en souvenir de ceux qui ne sont plus.

# Postface

Quand je suis allée à New York pour interviewer d'anciens enfants du Chambon, je pensais avoir avec eux quelques conversations et c'est tout. Je ne m'attendais pas à être reçue à bras ouverts par les Lewin et les Liebmann, qui m'ont accueillie chez eux avec tant de chaleur et de générosité. Quand Egon Gruenhut m'a confié le journal qu'il tenait à cette époque, j'ai compris que j'avais affaire à des gens extraordinaires. Et je me suis demandé si c'étaient les épreuves subies pendant la guerre qui les avaient rendus tels qu'ils sont. Puis Eva Lewin m'a envoyé la copie d'une lettre de Hanne Liebmann et Élisabeth Kœnig à la famille Trocmé, datée d'octobre 1996, juste après la mort de Magda Trocmé. Elle était signée par tous « les enfants du Chambon » installés aux États-Unis. Avec leur permission, je la reproduis ici :

*Chère Magda,*

*Nous, vos amis pour qui vous étiez « maman Trocmé » pendant la guerre et l'êtes restée ensuite, voudrions vous dire quelques mots. Des mots pour vous exprimer notre affection et notre admiration et insister sur l'énorme influence que vous avez exercée sur nous tous. Il existe peu de gens aussi résolus et déterminés que vous à accomplir ce qu'un être humain peut et doit faire.*

*Vous avez toujours agi humblement, modestement, bravant de terribles dangers.*

*Aujourd'hui, physiquement, vous n'êtes plus parmi nous. Mais votre courage, votre sens de la lutte, votre amour des autres qui nous ont toujours inspirés, nous et nos enfants, resteront ancrés en nous. Nous essaierons toujours de vivre comme vous auriez souhaité que nous le fassions, nous préoccupant des autres et pas seulement de nous-mêmes.*

*Adieu, chère Magda, de la part de toute votre « famille ».*

Avec la permission de Nelly Trocmé Hewett, je voudrais citer ici quelques lignes écrites par sa mère, le 23 mai 1976 :

*Mes enfants, petits-enfants, frères et sœurs, je vous laisse les pensées suivantes comme testament :*

*Il y a deux choses qui semblent évidentes. Nous n'aurions pas, enracinés en nous, l'idéal, l'espoir, le besoin de justice, de vérité et d'amour que nous avons tous, quelle que soit la religion que nous pratiquons ou le degré de civilisation que nous avons atteint, s'il n'y avait pas quelque part une* source d'espoir, de justice, de vérité et d'amour — et c'est cette source *que j'appelle* Dieu.

Dans un monde en proie au mal, il y eut un lieu qui sut s'en préserver. La bravoure des habitants du Chambon et des hameaux alentour ne doit jamais être oubliée. Je n'oublierai pas non plus le courage des survivants.

Mes lecteurs me demandent souvent si ce que je raconte, c'est l'histoire d'une personne en particulier. Non. Le roman historique, c'est-à-dire écrit à partir de faits réels, reste malgré tout un roman. C'est moi qui crée mes personnages, même si par moments interviennent des hommes et des femmes qui ont réellement existé, comme ici le pasteur Trocmé, le pasteur Theis, Georges Lamirand et Mireille Philip. *Une lumière dans la nuit* a été rédigée tout particulièrement à partir de l'histoire de ceux et celles à qui ce livre est dédié et des recherches que j'ai effectuées. Il peut arriver que les souvenirs des uns et des autres diffèrent un peu car la mémoire humaine est ainsi faite qu'on ne se souvient pas toujours de la même chose de la même façon. Mais ceux que j'ai le plus longuement questionnés étaient là-bas, au Chambon, pendant la guerre.

CAROL MATAS.

Les citations de *L'Opéra de quat'sous* de Bertolt Brecht sont données dans la traduction de Jean-Claude Hémery, publiée aux éditions de l'Arche.

*IMPRIMÉ EN FRANCE PAR HÉRISSEY*
*27000 Évreux.*
*Dépôt légal imprimeur : 83866 – éditeur : 5699*
*32-10-1690-0-01– ISBN : 2-01-321690-4*

*Loi n° 49-956 du 16 juillet 1949 sur les publications destinées à la jeunesse.*
*Dépôt légal : mai 1999.*